言語化力・伝達力・
要約力がぜんぶ
身につく31のコツ

ひと言でまとめる技術

勝浦雅彦
katsuura masahiko

アスコム

あなたは人からこんな指摘を
されたことがありませんか……?

話している相手から
「何が言いたいのかわからない」
と言われてしまった。

メールの文章が長すぎて、
肝心な要件が
伝わっていなかった。

取引先の要望がありすぎて、
どれを上司に伝えれば
いいのか……

先日の打ち合わせでは
Aに決まったけど、
自分はBのほうが
いいと思ってるんだけど……

うちの会社の売りは
低価格だと思うんだけど、
機能性も伝えたほうがいいかも……

頭のなかにあることを、
うまくまとめて伝えられたら
いいのに……

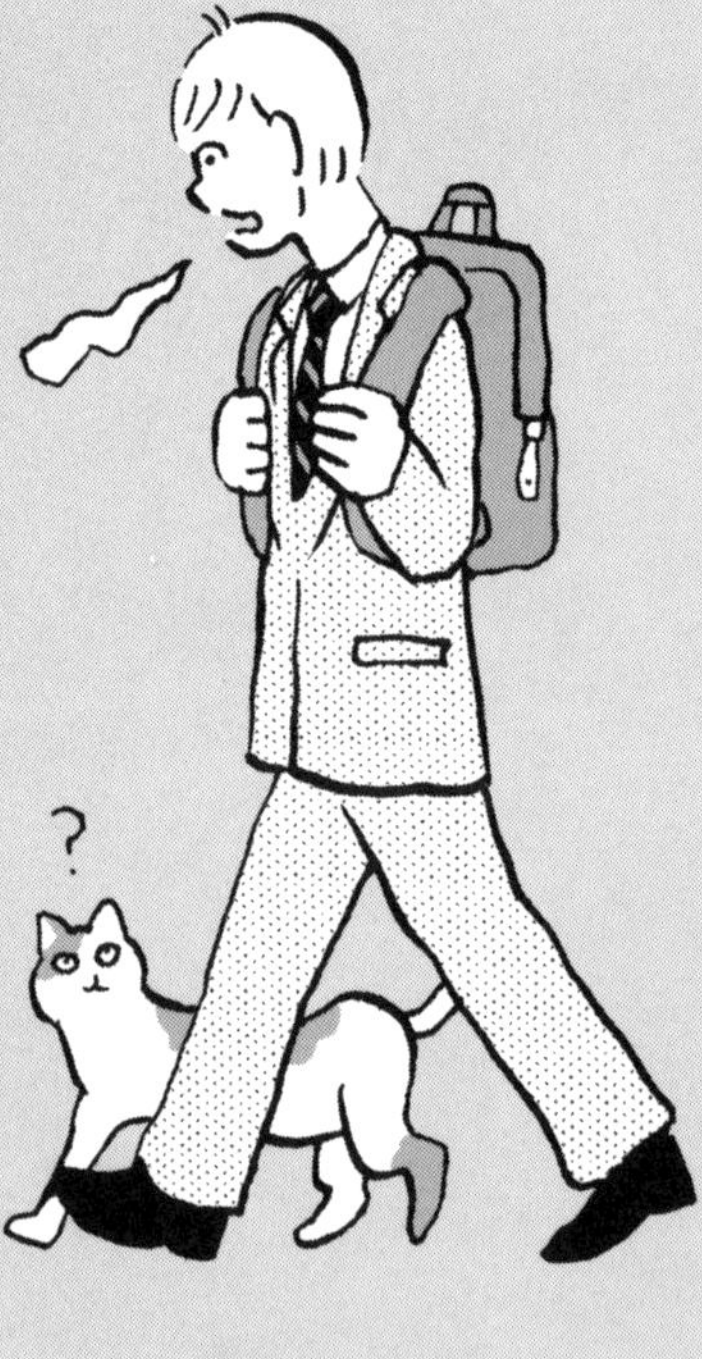

でも、
「ひと言でまとめる技術」を
習得すれば……？

1 捨てる

2 まとめる

3 伝える

仕事はスムーズになり
効率も大幅に改善。
何より「伝わらない」がなくなる！

まずは「どれを残し」「何を捨てるのか」を
判断するコツを手に入れましょう。
そのための方法をこれからお伝えしていきます。

ひと言でまとめる技術

この本を手に取ったあなたに知っておいてほしいこと

この本を手に取ったあなたは、うまく考えがまとまらないとか、ついだらだらと要領を得ない話をしてしまうといった悩みを抱えているのではないでしょうか？

そして、「まとめるのが下手」な自分に嫌気が差して、人に何かを伝えたり説明したりすることが億劫《おっくう》になってしまっている方もいるのではないでしょうか。

私は本書を、**「言いたいことはあるけれど、言葉がうまくまとまらない人」**のために書きました。

「ひと言でまとめる技術」とはずばり、言葉を**「短く」**し、**「要約した状態」**で相手に伝える技術です。

「言葉を知らない」のではなく、「言葉が多すぎる」

「言葉を知らないので、言いたいことや考えをまとめるのが苦手です」という人がいます。私は、これは半分合っていて、半分間違っていると思います。

なぜなら、作家や詩人ならば、誰も書いていないような文体や表現を追い求めるのもうなずけますが、普通に社会生活を送っている人にそのような物言いは必要ないからです。

のちの章でも解説しますが、**物事をわかりやすく説明するためには、小学校までに習った言葉で十分**なのです。

ある研究によれば、現代社会にあふれている「情報」の量は、インターネットの登場を機に爆発的に増加し、**江戸時代の一年分、平安時代の一生分の情報が、現代社会のたった一日で生まれ、消費されている**そうです。

情報過多の現代においては、言いたいことを表現するにもさまざまな意見や価値観があふれていて、あまりに選択肢がありすぎるために「ひと言で言えない」状態になっているのです。

そのためには、大量の情報におぼれないために、**「伝えるべき情報は何かを自分の頭で考え、ひと言にまとめていく練習」**が必要です。

「ひと言でまとめること」の価値は高まっている

情報が氾濫《はんらん》している社会は、同時に、人間関係やそこに絡みつく多くの事情であふれ返っている社会でもあります。

かつての高度成長期は、右肩上がりの経済を軸に、日本人の多くが「がんばって働けば、みんな豊かになれる」といった、希望に満ちた価値観を共有していました。

しかし、現在の社会では世界の情勢が複雑化し、日本も経済成長の低迷や少子高齢化により多くの課題に直面しています。

価値観が多様化し、かつて大きな塊だった「みんな」は細分化され、小さなコミュニティが無数に乱立しているのが現代社会です。

私が就いているコピーライターの仕事は、そんな細分化された社会のなかで、誰に何を、どのように伝えれば動いてもらえるのかを考える仕事です。

これまでは、クライアントから示されたプロジェクトの課題や目的、予算などを受けてプレゼンをするというのが一般的な広告制作のプロセスでしたが、いまはプロジェクトの詳細が提示されない仕事が激増しています。

つまり、「そもそも課題はなんなのか、何を考えたらいいのか、そこから一緒に考えてほしい」という仕事が増えているのです。

コピーライターは、ともすればキャッチフレーズやネーミングなどの広告表現のみを生業《なりわい》にしていると思われがちですが、「多様化した世の中の複雑な状況から課題を読み取り、誰もがわかる言葉にして〝旗印〟をつくる」という川上から考える仕事がメインとなりつつあります。

また、私はベンチャー企業のお手伝いもしていますが、優れた技術やあっと驚く特許を持っていても、自分たちのよさをうまく伝えられていないケースがとても多いです。なぜなら、企業も人間と同じで**自分のことを客観的に見るのは苦手**だからです。

そのため、私のようなコピーライターがお手伝いをして、

客観的に

←

その技術によって幸せになる人の目線に立ち

←

誰もが理解できるかたちで

←

ひと言でまとめて、世に打ち出していく

のです。

こういった視点は、クリエイティブを必要とする仕事をしている人だけでなく、言いたいことがあるのにうまくまとめられない、伝えたいことが多すぎて話が長くなってしまう、といった方々の役にも立つはずです。

本当に伝えたいことは、ひと言でまとめられる

とある経営者の方から「仕事上、いろんなところでスピーチを求められるのだが、どうも話がうまく伝わらないし、盛り上がらない。朝会で社員向けにスピーチしている映像を見せるので、アドバイスをくれないか」と相談されたことがあります。

20分ほどの映像を見終わった私は、「内容云々の前に、話が長いです。時間を3分の1くらいにできると思います。ほかのビジネスの場でも、同じように長くしゃべっていませんか？　まず、話を短くまとめることを考えましょう」とアドバイスしました。聞けば、社員への訓示は毎週行っているとのことです。

「毎週、大事件が起きるならいざ知らず、ましてや経営会議でもないわけですから、訓示に20分もいりません。伝えたいことをひとつだけ選び、『今日はこれだけを話します』と前置きすると、社員のみなさんも『偉い人の話を全部聞かなければならない』というプレッシャーから解放されると思います」と私はお伝えしました。

この話のあと、「とはいえ、伝えたいことはたくさんあるんだけどな。目標の数字とか市場状況とか……」と社長さんはブツブツ言っていたのですが、**「5分限定でひとつの話題しか話さない」**というルールを実践した結果、社員のウケもよくなり、朝の時間の雰囲気が改善されたことを実感できたそうです。

そして何よりうれしかったのは、社員たちが「何を話していたのかをしっかり覚えてくれていたこと」だそうです。

言葉を発するときには、**「本当に伝えたいことは何か」**を意識することがいかに大切かを実感した出来事でした。

「与える人」と「奪う人」の違い

いきなりですが、**「人間が嫌われる条件」**とはなんでしょうか？

私は世の中には、誰にでも好かれる人もいなければ、誰にでも嫌われる人もいないと考えています。

それでも、もしひとつの答えを出すとしたら、**「人は、与える量より奪っている量が多くなったとき、嫌われる」**のではないかと思います。

とあるゲストハウスの主人に聞いた話です。

世の中には「与える人」と「奪う人」の2種類がいる。ホテルと違って共同生活をするゲストハウスは、小さな社会の縮図。そこでは「みんなのために何かをしたい、誰かの役に立ちたい」という「与える人」と、「誰かに何かをしてもらいたい、自分の思いどおりに生活したい」という「奪う人」に分かれる。ゲストハウスの主人は、共同体を気持ちのいい場所にするのが役目ですから、「奪う人」認定をした人には、そっと共同体から出ていってもらうように仕向けるのだそうです。

私はこの話を聞いたときに、ゾッとしました。

なぜなら、自分がいままで社会の役に立っていると信じてきたことが、じつは何かを奪っていたのではないか？　自分は本当に「与える人」でありえたのか？　という疑問が湧いてきたからです。

ひと言でまとめれば、「時間泥棒」にならなくて済む

「時間泥棒」というビジネス用語をよく耳にするようになりました。これはドイツの児童文学作家、ミヒャエル・エンデの作品『モモ』に登場する「灰色の男たち」が語源になっていると言われています。

『モモ』のなかでは、人々が時間効率を優先し、ゆとりや日々の余白をなくして、大切な時間を灰色の男たちに奪われていくさまが描かれています。

一方、現代においての「時間泥棒」は、「他人の大切な時間を奪う人」という意味で使われています。

①話にまとまりがなくて長い人
②要領を得ない長文メールを送ってくる人

このふたつは、どちらも時間泥棒の顕著な特徴です。

しかし、

①話にまとまりがなくて長い人
↓話を簡潔にまとめてさっと終わらせる
②要領を得ない長文メールを送ってくる人
↓メールを短時間で読めて伝わりやすい書き方でまとめる

このように、わかりやすく簡潔に話をまとめるやり方さえわかれば、時間泥棒にならなくて済みます。

「ひと言でまとめる」ようになることは、自分だけでなく、相手にもメリットが生まれる方法なのです。

「ボロボロの斧」を使い続けてはいけない

ジレンマの話をしましょう。

ジレンマとは、ある問題に対してふたつの選択肢が存在し、そのどちらを選んでもなんらかの不利益があり、態度を決めかねる状態です。

有名なのが、「木こりのジレンマ」という寓話です。

ひと言でまとめると、**「斧《おの》がボロボロなのに研がないでいる木こりは、より多くの時間を失う」**というお話です。

- **木こり……あなた**
- **木……目の前のやるべき仕事、タスク**
- **斧……タスクをこなすための情報、ツール、人脈**

私たちは目の前の仕事を始めてしまうと、新しい手段や方法論を取り入れるのが億劫になり、「ボロボロの斧」でなんとか終わらせようとして、かえって効率を悪くしてしまうことがあります。

これからお伝えする考え方や方法論は、まさにあなたにとっての「新しい斧」になるものです。

さあ、前置きはこれくらいにして、始めましょう。

ひと言でまとめるための「8つのプロセス」を知る　32

第2章

ひと言でまとめるために、捨てる

第3章

ひと言でまとめるための思考と法則

第4章 さあ、ひと言でまとめよう

※本書の情報は、2023年10月1日現在のものとなります。

第 1 章

なぜあなたは
ひと言で
まとめたいのか？

この章をひと言でまとめると
「ひと言でまとめるプロセスを学ぶ」です。

話の長い人は働きが少ない。

フランスの格言

ひと言でまとめる前に、まずは自分を知り、相手を知る

問題

コミュニケーション能力とはなんでしょう?

- 人前でうまく話せること
- 分け隔てなく人付き合いができること
- 人にやたらと気に入られること

近ごろは、人付き合いが上手だったり人前でうまくしゃべれたりする人のことを「コミュ力お化け」などと呼び、もてはやす傾向にあります。

では、コミュニケーション能力とはいったいなんなのでしょうか?

多弁、雄弁であること？

はたまた、相手にうまく気に入られること？

それとも、とにかく話し方がうまい人のことでしょうか。


私は、どれも違うと思います。

私が考えるコミュニケーション能力とは、**「相手とわかり合い、相手を受け入れる力」**です。


人間は、お互いにわかり合うのがとても難しい生き物です。他人にがんばって何かを伝えたところで、本当に伝わったかどうかは確かめようがありません。なぜなら、自分はその人本人ではないからです。

だから、わかり合うことを前提としつつ、自らが他者を受け入れること、そういう自分になることが大切なのです。

「コミュニケーション能力＝受け入れる力」なのです。

これから「伝えたいことをひと言でまとめる」ことを学んでいく過程でも、**「伝え**

ることは受け入れること」であることを忘れないでいてください。

ひと言でまとめるための「8つのプロセス」を知る

この章では「ひと言でまとめる」ためのプロセスを、8つに分けてお伝えします。

1　勇気（言う気）を持つ
2　自分を知る
3　伝えたい相手を知る
4　目的地を明確化する
5　「コア」を探す
6　ばっさり捨てる
7　相手がどう動いたかを観察する
8　人間関係を発展させる

これらのプロセスを経ることで、誰でも「ひと言でまとめる」ことができるようになります。

本書は便宜上、多くの方法論を提示していますが、情報が多すぎると思考がショートしてしまう危険があります。それを避けるために、とりあえずひととおりざっと見てみて、理解しやすいものから選んで実践してもらえればと思います。

それでは、ひとつずつ見ていきましょう。

プロセス1
勇気（言う気）を持つ

子供のころ、こんな苦い経験をした記憶はありませんか？

私は小学校から中学校のころまで片思いをしていた女の子に、告白をしてフラれたことがあります。そのときなんと伝えたのかは、まったく覚えていません。片思いの期間が長すぎたため、言いたいことが膨らみすぎて、意を決して電話で告白をした際には支離滅裂なことしか言えなかったことだけは覚えています。
でも、後悔などあろうはずがありません。なぜなら、「言えなかった〝思い〟は残る」のです。その思いは行き場を失い、心のうちをさまよって、消えることはありません。
だから、言葉にしようとした自分を褒めてあげるべきなのです。

あらゆる物事を伝えるためにいちばん大切なのは、**「伝える勇気を持つ」**ことです。
この本を手に取ったあなたは、おそらく人間関係の悩みやコミュニケーション上の問題を解決するために、静かに向上心を燃やしている方だと思います。

「もっとうまく相手に伝えられたら」
「もっと上手に提案ができれば、価値を示せるのに」

多くの人は、心のなかでそう思っていてもなかなか行動できません。

人間の行動に対する学術調査で、**「100人中、25人が行動し、5人が継続し、70**

人は思っても何も行動しない」というデータがあります。とするなら、この本を買ってアクションを起こしたあなたは、すでに25％のなかに入っているということです。

つまり、**言う気は、勇気です。**

勇気の出し方のコツをひとつお伝えします。

「もうこの人とは二度と話せないかもしれない」と思うことです。

大げさに聞こえるかもしれませんが、学生時代と違って、社会人になると多くの人と「気づいたときには、もう会うことがない」状態に陥ります。

もちろん、デジタルツールの発達で、誰かと連絡を取ることはとてもスムーズになりました。ですが、ある知人はスマホをなくしたことで、数百人レベルの人と「二度と連絡が取れない」状況に陥りました。

アメリカで起きた9・11同時多発テロで息子を亡くした母親の、『最後だとわかっていたなら』という詩は、まさに**「伝えるべきことを伝えられるうちに伝えないと、二度と会えない運命が待っていることがある」**と教えてくれます。

いま、何かを伝えたい相手がいるなら、勇気を出して伝えましょう。

プロセス2

自分を知る

言葉で何かを伝えるには、まず**「自分は何者か？」**ということを、自分なりに理解するのが大切です。

古代ギリシアの哲学者ソクラテスは、〝汝《なんじ》自身を知れ〟と説きました。「彼を知り己を知れば百戦殆《あや》うからず」という孫子《そんし》の言葉や、「まず、自己を知れとでも申しますか、自分というものを知らなければいけない。われわれ日本人は、日本を知らなくてはいけない、日本人を知らなくてはならないと、そんな感じがするのです」という松《まつ》下幸之助《したこうのすけ》の言葉も、**自分を客観視して見つめることの重要性**を説いています。

しかしそもそも、「自己を知るための努力をする」ことが、日本人はとても苦手です。まず「ひと言でまとめたいと願う自分とは何者なのか？」ということを考えてみてください。
私が推奨するのは、以下の方法です。

自己分析トレーニング

①自己分析：ノートを使って、自分の趣味嗜好、哲学、正義など、ひたすら思い浮かんだことを書いていく。
②自己の確立：ウィキペディアの形式で自分史を作り、「自分の肩書とはなんなのか」を決める。
③自分と他人の関係：心理分析モデルの「ジョハリの窓」を他人と共同で行い、いろいろな視点から自分を見つめる。

全部やるのが大変でしたら、①だけでもやってみてください。
自分というものを自分でよくわかっていないまま言葉を相手に伝えようとする行為

ジョハリの窓

	自分は知っている	自分は気づいていない
他人は知っている	**開放の窓** 自分も他者も知っている自分	**盲点の窓** 自分は知らないが、他者は知っている自分
他人は気づいていない	**秘密の窓** 自分は知っているが、他者は知らない自分	**未知の窓** 自分も他者も知らない自分

【やり方】
ジョハリの窓は、複数人を集めて行うことを基本とします。
紙とペンを用意して、始めましょう。

① 人の性格や能力を表す要素（※）を用意する。
※要素例：「知的」「直観的」「楽観的」「行動力がある」「リーダーシップがある」「話し上手」「聞き上手」「プライドが高い」「自信家」「真面目」など。
② 自分が思う自身の要素を紙に書き出す。
③ ほかの人（Aとする）の要素を別の紙に書き出す。
④ ③を、Aに渡す。
⑤ 同じように、ほかの人（Bとする）の要素を紙に書き出す。
⑥ ⑤をBに渡す。これを繰り返す。
⑦ 自分の手元に、自分で書いた紙（②）と、ほかの人からもらった紙がそろったら、以下のように仕分ける。
●自分もほかの人も書いた要素は「開放の窓」に。
●自分が書いていなくてほかの人が書いた要素は「盲点の窓」に。
●自分が書いてほかの人が書いていない要素は「秘密の窓」に。
●自分もほかの人も書いていない要素は「未知の窓」に。

↓

いままで知らなかった「自分」に
気づくきっかけに

は、土台がしっかりしていないものの上に建物を建てる、まさに砂上の楼閣《ろうかく》だと私は考えています。

プロセス3 伝えたい相手を知る

学生に対話形式の講義をする際に、必ず冒頭で投げかけている質問があります。

それは、**「さて、私は誰でしょう?」**というものです。

ほとんどの場合、学生たちはポカーンとした顔をして、「誰って……なんか講義があるって聞いたから、ここにいるだけなんですけど」といった雰囲気になります。

そこで私は続けます。

「今日、私が講義をすることは大学からの事前情報で知っていたと思います。さて、このなかで私のことを調べた人はいるでしょうか? どこの会社に所属しているのか、どんな仕事をしているのか、これまでどんなことをしてきたのか……。いまはインターネットでたいていのことは調べられます。重要なのは、事前に講義をする人物について知っているのとまったく知らないのとでは、同じ講義時間でも、受け取れる情報の密度が違うということです」

これからあなたが伝えたい相手については、事前に情報を集めるようにしましょう。とくにビジネスにおいては、初対面の相手でも世に出ている情報はあります。「相手のことを調べるなんて」と抵抗のある方もいるかもしれませんが、ご本人が公開されている情報ならばなんら問題ありません。SNSなどで見つかる情報を集めましょう。その人を事前に知っておくことで、伝えたいことの方向性が定まっていきます。

- **相手が属するコミュニティ**
- **相手の人格（発言）**
- **相手の交友関係**
- **相手がいま取り組んでいること**

このあたりは、ネットで探せば手に入る情報です。相手にしても、自分のこれまでのビジネスの成果や発言を知ってくれていることは、「自分に興味を持ってくれているんだな」と感じて悪い気はしないはずです。

事前に情報を集めて、敬意を持って接する。

このことは忘れずにいてください。

プロセス4

目的地を明確化する

私は、お笑いが大好きです。あるときから、どうにも見ているだけでは飽き足らず、ついに趣味で漫才を始めました。M－1予選に出場したこともありますし（あっさり敗退しましたが）、イベントでプロの芸人さんの前でネタを披露したこともあります（そのときはそこそこウケていました）。

さて、漫才を見ていると、新人の芸人さんが、「名前だけでも覚えて帰ってくださ い」などと前フリを入れることがあります。これは、「この先にいろいろネタをやるけど、今日のゴールは名前を覚えてもらうことですよ」と、目的地を先に提示して誘導しているわけです。

これから何かを伝えるときには、ぜひこの**目的地の提示**を意識してください。

実際、ビジネスの現場でも、話が長い割には「目的地の見えない発言」が散見されます。これは、相手に最終的にたどり着いてほしい目的地を話者が見失ったときに起こります。その話者が会議を始めると、参加者を「目的地の見えない会議」に巻き込むことになります。

「象の尻尾」の話をしない

「群盲象を評す」という寓話があります。仏教が出典のお話です。

あるとき、6人の盲人たちに象に触れたときの印象を問うたところ、各自の答えはまったく違うものだったそうです。

・象の鼻を触った者は「蛇」
・耳を触った者は「扇」
・牙を触った者は「槍《やり》」
・足を触った者は「木」
・体を触った者は「壁」
・尻尾を触った者は「ロープ」

そう、誰一人として「象」の全体像を捉えてはいなかったのです。
このとき、誰かが「あなたが触っているのは象だよ」と最初に教えたなら、自分が象のどの部分に触れているのかを判断することができたでしょう。

何かを伝えるときは、部分的に伝えるのではなく、まずは**目的地を明確にして相手に提示することが大切**なのです。

プロセス5
「コア」を探す

あなたが友人や知人と、好きなアニメについて語り合ったとします。その際、「そのアニメ、どこがいいの?」と聞くと、「えっとね、ある国にイケメンのスパイがいてね、そのスパイがどうしても任務で家族を持たなければならなくなって、まったくの他人から選んだのが暗殺者である奥さんと超能力を持つ娘で……」と、内容をイチから話し出す人がいないでしょうか。

私はこれを、「読書感想文教育の弊害」だと感じています。感想文を書くのが苦手な子は、つい原稿用紙をあらすじで埋めようとします。また、中学受験では感想文や小論文が受験科目にあるため、まずあらすじをまとめ、作者の言いたいことに自分の経験を混ぜて書くといった「型にハマった」書き方を教え込まれます。

ですが、大切なのはあらすじをまとめることではなく、**物語のコアを見つけ出すことです。**

物語のコアとは、その物語のなかでもっとも魅力的な部分です。

あの戦闘シーンがよかった、あの会話が泣けた、あの音楽が最高にしびれた、そんな心を強く動かされた、たったワンシーンでいいのです。


伝え方においても、**「相手にいちばん伝えたい魅力的な部分」**がコアになります。

あなたの伝えたいことのなかで、それはいったいなんなのか。

「伝えたいことのコア」をひとつに絞って伝えることを意識していきましょう。

プロセス6 ばっさり捨てる

相手に伝わりやすくするためには、余分なものを捨てることが大切です。

でも、捨てることが大事だとわかっていても、人間は「捨てること」が苦手です。

- 押し入れに「すぐには使わないけれどいつか使うはずのもの」があふれている。

↓「いつか使うはずのもの」を使うことは、ほぼ確実にない。
・洋服ダンスに「いつか着るはずの衣類」がぎっしり。
↓もはや、自分がそのサイズは入らなくなったことすら気づかない。
・ハードディスクに「以前、仕事で使用した資料ファイル」が満載。
↓99％読み返すことはない。そもそも思い出すことすらない。

「何かを失うことが怖い」というのは、人間の本能です。しかし、捨てることを恐れていると、「ただの話が長い人」になってしまいます。

何分にもわたってプロポーズを述べているドラマを見たことがあるでしょうか？　ないはずです。あれは、時間の制約からそうなっているわけではありません。

「あの、僕は君と一緒に暮らしたいんだけど、いや、そう思っているのは僕のエゴというか、べつに僕だけが幸せになりたいからじゃなくて……あ、というか、この場所でよかったんだっけ？　君のお気に入りの場所。前に好きって言っていたような……

あ、そうだよね、違ったんだ、ごめんね。そういえばプロポーズってプロがするどんなポーズなんだろうね、アハハ……」と、延々と冗長なプロポーズを聞かされたら、相手はだんだんと不安になってしまうはずです。

私たちコピーライターの世界でも、**「情報過多は、伝えないより悪手である」**というのは常識です。あれもこれも詰め込みすぎると、何も伝わらないどころか「余裕もセンスも感じられない広告」ができあがってしまうのです。

「伝える」と「伝わる」の違いとは?

あるとき、同じ業界の大先輩にこんなクイズを出されました。

「伝える」と「伝わる」の違いはなんでしょう?

私は必死に考え、

・伝える→伝えるという「行為」
・伝わる→伝わったという「状態」

このような違いだと答えました。
するとその先輩が、「それは間違いではないけれど、英語にしてみてごらん。より
その違いがわかるよ」と言うので、私は辞書で調べてみて「あっ」と叫びました。

・伝える→TELL
・伝わる→GET

そう、**伝わるは「GET」**だったんです。
つまり、伝わるということは「何かを得ている状態」と定義することができるのです。
「一方的に伝えるのではなく、相手に伝わって初めて、何かを得たり、生み出したり
することができる。言葉を使う職業を続けていくのなら、このことを忘れちゃダメだ

よ」という先輩からの教えは、私の大切な言葉の手帳にキープされています。

さて、ここまで「伝えること」について理解を進めてきましたが、次はまさに「相手が動いたかどうか」を見極めるプロセスに移っていきましょう。

プロセス7 相手がどう動いたかを観察する

7番目のプロセスは、**観察力**です。

振り返るとここまでは、勇気を持ち→自分を知り→相手を知り→目的地を明確化し→伝えたいことのコアを探し→余計なものはばっさり捨てて伝える、といった道のりを進んできました。

しかし、言いっぱなし、伝えっぱなしは、不完全な結果を生みます。

伝えたあとに何が起きたか、**「ちゃんと何かをGETできたのか?」**を見極めなければなりません。そのために、観察力が必要です。

まだ新人だったころ、とあるクライアントのキャンペーン企画提案の会議に参加することになりました。新人ですから、現場でやれることはごくわずかです。するると先輩から、「企画提案の最中、スクリーンは見なくていいから社長の顔をずっと見ていてくれ。終わったあとに何が起きたか聞くから」と言われました。

社長の顔だけ見ていて何になるのだろうと思いながらも、言われたとおりにしていたところ、先輩に言われた意味がだんだんわかってきました。当初、社長は無表情で話を聞いていましたが、先輩たちのジョークを交えたトークでときおり笑ったり、調査結果を見て考え込んだり、企画案を真剣なまなざしで見つめたりと、さまざまな表情をしています。そして、ほかの役員たちの様子も見てみると、それぞれ違った反応を示していました。

企画提案終了後、「社長の反応はどうだった?」と先輩に聞かれた私は、こう答えました。

「最初は退屈そうにされていましたが、前段のつかみでだんだんほぐれてきて、ブランドのコンセプト案には深くうなずいていました。調査結果では険しい顔をしていましたね。ＣＭ企画は、ほかの役員さんたちはオーソドックスなＡ案に反応を示していましたが、社長はコメディ調のＣ案で笑っていたので、もしかしたらあの案が通るかもしれません」

ふんふんと聞いていた先輩は、「調査結果に厳しい表情か……。ありがとう。あの社長さん、結構心配性だから、思い切った案を選ばせるならデータの裏付けが足りないかもしれないな。よし、もうひと押しだ」と、次の動きを始めたのです。

その後、何度かの調整を経てキャンペーン企画は自社の案で決定となりました。しかも、選ばれたのはＣ案でした。そして私はこのとき、相手を観察し、心の動きを読み取り、よりよい結果につなげることの重要性を初めて知ったのでした。

伝えたいことをひと言にまとめて伝え終えたあとにすべきは、相手の表情、行動などをつぶさにチェックして、「伝わったかどうかを見極める」ことです。

- こちらの目を見ている／こちらの目を見ていない
- 顔の表情が暗い／明るい
- 笑っている／引きつって笑っている
- 視線が落ちている／上を向いている／そっぽを向いている
- 声のトーンが暗い／明るい
- 背中を丸めて、うなだれている／背筋が伸びていて、胸を張っている
- 手を組んでいる／腕を組んでいる
- だらだらしている／集中している

とはいえ、ただじろじろと相手を見つめているだけでは、気味悪がられるだけです。
そうならないために、次のトレーニングをしてみてください。

観察力を高めるトレーニング

①日常的に自分の周囲を見回す習慣をつける。
②わずかな変化に注意を払う。
③いきなり決めつけず、柔軟な思考で物事を見る。
④あらゆる物事に興味や関心を持つ。
⑤わからないことを積極的に調べる。

言いっぱなし、投げっぱなしにしないということを心がけましょう。

「観察力」と「洞察力」の違い

観察力と同じくらい、「洞察力」という言葉もビジネスの現場においては出てきます。よく混同されるこのふたつの言葉を、私はこう区別しています。

・観察力→目に見えるあらゆる変化に気づく力
・洞察力→目に見えない物事の背景や本質を見抜く力

たとえばあなたが部下に仕事を頼んだとします。
ところが、その反応を観察してみると、

・いい仕事のはずなのに暗い顔をしている。
・あまり喜んでいないように見える。
・伏し目がちに背をすぼめている。

といった情報が入ってきます。これが「観察力」です。

同時に、部下がなぜ浮かない顔をしているのかを「洞察」してみると、

- やりたい仕事の方向性が変わったのだろうか？
- 体調が悪いのだろうか？
- チーム内で何か問題を抱えているのだろうか？
- もしや、仕事ではなくプライベートにトラブルがあるのでは？
- あるいは、ライバル社から引き抜きの話があるなんてことは……？

と、さまざまな推論が生まれるはずです。

ここで大事なのは、**目に見える情報だけでは、ときに間違った結論を導いてしまう**ということです。サン＝テグジュペリの『星の王子さま』にも、「本当に大切なものは目に見えない」と書かれています。観察するだけでなく、なぜその状況が起きているのかを自分なりに考えて仮説を持つことが大事です。

- そういえば、彼の趣味はアイドルの追っかけだったな。
- 確か武道館のチケットが取れたと喜んでいたような……。
- もしかして、アイドルのライブと仕事のスケジュールがかぶっているのでは……？

このように仮定をしたら、こっそり確かめてみましょう。

「もしライブのスケジュールとかぶっているのなら、ライブに間に合うようにサポートするよ。やってくれる？」

部下がパッと明るい顔をして大きくうなずいたら、あなたの洞察力に拍手です。


ただし、いきなり洞察力を高めろと言っても、なかなか難しいとは思います。

たとえば謎解き系の物語は、まさに観察と洞察のお手本です。

『名探偵ホームズ』や『古畑任三郎《ふるはたにんざぶろう》』などの推理ものの物語では、主人公たちは犯人が残していった手がかりを「観察」し、事件の背景にある人間の感情や行動を「洞察」することで、トリックや罠を見破り、事件を解決しています。

いままでとは少し違った視点でこれらの物語を見てみると、観察と洞察のトレーニングになるので試してみてください。

プロセス8

人間関係を発展させる

さて、ひと言でまとめて伝える過程をやり終えると、最後の段階「新しい人間関係」が待っています。

あらためてお聞きしますが、あなたは伝えたい相手とどういう関係になりたいのでしょうか?

私は伝えるという行為は、**「人間関係を改善させるためにやること」**だと考えています。

「この世の悩みのすべては、人間関係である」と、『嫌われる勇気』でお馴染みのアドラーが言っていました。

もし、この世に自分以外誰もいなかったら、比較対象がなく、意見の相違もなく、悩みを持つきっかけすらないでしょう。

でも、そんな世界は、きっと孤独でつまらないものだと思います。苦言だって、きちんと相手と向き合って伝えれば、新しい人間関係を築いていくきっかけになることもあります。

人間関係の「発展」と「崩壊」には5段階ある

「あの人とはだいぶいい関係を築けてきたよ」

「なんか、最近あの人とうまくいかなくてさ」


太古の昔から、人間関係の悩みは尽きないものです。

すでにギリシア時代から、嫁姑問題や、若者が年長者の話を聞かないといった人々の悩みが書物に残されていたそうです。

では、人間関係とはどのように発展し、またどのように崩壊するのでしょうか？

それぞれの段階におけるコミュニケーションの特徴を知ると、現在進行中の人間関係を客観的に見られるようになります。

・人間関係を「発展」させる5つの段階

①「初めまして！」出会いの段階

初対面の段階。簡単な挨拶や会釈を通して、人間関係を発展させようか、それとも顔見知り程度にとどめようかといった判断が行われます。

②「どんな人だろう？」実験の段階

自己紹介や時候の挨拶などの表面的な世間話を通じて、相手のことを探り合っていく段階です。ここでもし共通の話題や興味・関心が見つかれば、人間関係の発展へと向かっていきます。

③「あなたは私の友」関係強化の段階

相手の性格、家族、価値観などについて、内面に踏み入ったコミュニケーションが行われます。言葉が多くなくとも相手の気持ちが理解でき、お互いに頼り合う人間関係になっていきますが、親密さは当事者にしかわかりません。

④「彼らは友」統合の段階

お互いの関係が世に認められ、周囲の人々が当事者同士の人間関係の親密さを知るようになります。周囲の人々が一方のことを他方に尋ねたり、一方が他方の気持ちを察して他方の代わりに物事を判断することが自然にできるようになります。

⑤「私たちは家族・パートナー」結束の段階

結婚や契約などによって、もっとも親密な人間関係を結ぶ段階です。社会に対して、相手に対する責任を約束するようなコミュニケーションが増えます。これは他人同士が家族になる「婚姻」などで到達する段階となります。

人間関係はこのように発展し、親密さを増していきます。

誰かに何かを伝えるときは、「自分と相手がどこの段階にいるのか？　あるいは、どこの段階にまで行きたいのか？」を考えてコミュニケーションを取る必要があります。

もちろん、人間関係はいいときばかりではありません。逆に悪化することもあります。その段階はこのようになっています。

・人間関係が「崩壊」していく5つの段階

①「何かしっくりこない」食い違いの段階

これまでは信頼感や親密さによって耐えることのできた相違点についに我慢ができなくなり、相互非難、攻撃が始まる段階。お互いの注意は、共通点ではなく相違点に向けられます。

②「仲直りする方法はないか」制限の段階

衝突を避けるために相違点に関するコミュニケーションは回避され、表面的なコミュニケーションになっていく。この段階ではまだ人間関係改善への努力と、周囲に関係悪化を知られないための努力が続けられる。

③「少し距離を置こう」沈滞の段階

ついに、お互いの内面的なコミュニケーションはなくなり、社交辞令的な冷たいコミュニケーションとなる。この段階では人間関係の改善が困難になる。

④「あなたと私は合わない」回避の段階

率直で直接的に、非友好的コミュニケーションとなる。非言語的コミュニケーション（表情、視線、身振り）によって相手への敵対心、嫌悪感、憎悪を表現する。

たとえば婚姻関係の別居段階がこれにあたります。

⑤「あなたと別の世界へ」関係終結の段階

こちらは発展の段階と真逆、社会的別離である離婚や婚約解消が主になる段階。自分自身に納得させるための、また、関係が終結した相手のいない新しい生き方について考える、個人内コミュニケーションが主となる。

いかがでしょう?

思い当たる節がある人もいるのではないでしょうか。

人間関係の崩壊はビジネスの現場でも起こりますが、もっとも決定的な崩壊は婚姻関係でしょうか。日本人の3人に1人が離婚する時代ですが、その崩壊のプロセスを知ることで、転ばぬ先の杖《つえ》になるかもしれません。

さて、これまで8つの「ひと言でまとめる」ためのプロセスを見てきました。

8つのプロセスは多いように思えて、一度習得してしまえばスムーズに実践できるものばかりです。

トライ&エラーを繰り返さないと、いい言葉は生まれないものです。毎日10分だけ、相手に伝えたいことを考える時間を持つ習慣を身につけてください。


また、どうしても気持ちがうまく伝わらない相手もいます。

そのときは、とりあえず距離を置いてください。


人間関係には「適切なタイミングと距離感」というものが存在します。

お互いの気持ちが同調し、関係が勢いよく発展することもあれば、何をやっても気持ちが合わないときもあります。

そういうときにもっとも してはいけないのは、**相手の気持ちを無視して強引に伝える行為を繰り返すこと**です。

相手のことを思うなら、そこはいったん引いて、やがて来るときを待ちましょう。


羊飼いの少年の旅を描いたパウロ・コエーリョ作の『アルケミスト』は、宗教的にも哲学的にもすばらしい小説ですが、ここに出てくる「人は出会うべきタイミングで出会う」という一節が私はとても好きです。

いま合わないその人とは、タイミングがずれているだけかもしれません。

あなたが愛と敬意を持ってその人とつながりたいと思う限り、いつかいい関係を築ける日は来る。そう信じてみてください。

第**2**章

ひと言でまとめるために、捨てる

この章をひと言でまとめると
「とにかく捨てる」です。

不要なものなら、
なくて困るということはない。

マルクス・トゥッリウス・キケロ

「捨てる技術」を身につけて伝え方をアップデートする

問題
ビジネスの目標達成のためにはどちらが大事でしょう？

1　何をするか決める
2　何をしないか決める

答えは2の「何をしないか決める」です。

ご存じの方もいるかもしれませんが、スティーブ・ジョブズが言い残したと言われている言葉です。

では、なぜ何をしないか決めることが大事なのでしょうか？


あなたはｔｏｄｏリストをつくってはみたものの、優先順位をつけられないまま時が過ぎ、気づけば一日が終わってしまったという経験はないでしょうか？

どう考えても一日ではできないことなのに、つい詰め込んでやろうとしてしまう。

夏休みの宿題と同じです。


人間は何かをしようとするとき、「いまの状況に何を足していくか？」から入りがちです。そのほうがプラスの行動に思えるし、「やっている感」が得られるからです。

ですが、この考え方で選択肢を増やしていくと、たいてい混乱します。

人間には、持っている時間にも行動のエネルギーにも、限りがあるからです。


するべきでないことは、視界から消してしまいましょう。

それによって、本当にやらなければならないことに注力できるようになります。

営業職だったころ、創業して間もないとあるベンチャー企業から電話がかかってきたことがありました。「新聞広告を出稿したいが、設立したばかりで実績がないので相談したい」といった内容でした。

先輩とともにさっそくその企業に向かったところ、プリント1枚の会社案内を見せられました。その事業目的の欄には「通信」「建設」「金融」「リサイクルショップ」「英会話教室」……挙げ句の果てには「占い」「パワーストーンの販売」といった項目までが書かれていました。

帰り道に先輩が、「あの会社は、おそらく飛ぶ（潰れる）ぞ。取引は見送ったほうがいい」とつぶやきました。1年後、その会社は影も形もなくなっていました。

「あれもこれもできます」というのではなく、「弊社は◯◯のプロです」と言ってもらうほうが信用できると思った瞬間でした。

「捨てる」と「残す」を見極める

私は企業から預かった膨大な経営戦略、商品開発、市場調査などの資料を徹底的に読み込み、その99・99%を捨て、ほんの数行のメッセージに凝縮する仕事をしています。

クライアントは自社や商品に思い入れがありますから、「あれも言いたい。これも入れたい。その情報にも触れないとほかの部署が怒る」といった事情を抱えています。

私はその際、いったん事情をのみ込みつつ、**「多くを言おうとするとひとつも伝わらなくなります」**と、利用者の代弁者となって正論を伝えます。

まずは勇気を持って、「捨てる」ことからあなたの仕事を変えていきましょう。

この章では、ひと言でまとめるためのシンプルな技術を、**「捨てるもの」「残すもの」**という視点から問題形式でお伝えします。

問題

上司から「プロジェクトの進捗状況はどうなってる?」と聞かれました。
あなたならA・Bどちらで返答しますか?

A

先方とうまくやれていると思います。
問題はないはずです。

B

すぐ確認します。
最新の状況を把握していないので。

捨てる技術その1

「解釈」を捨てる

たとえば、あなたの目の前で雨がシトシト降っていたとしましょう。

このとき、「雨が降っている」は実際に起こっていることであり、誰も異論を挟めません。**誰にも動かせない事象を「事実」**と呼びます。

しかし、そんな日に友人に「今日はどんな天気？」と聞かれて、あなたが「いやー、悪い天気だよ」と答えたとしたらどうでしょう？

「雨が降っていること」に対しての感想は人それぞれです。

もちろん、雨が降ることに対してマイナスの感情を持つ人も多いでしょうが、「お気に入りの雨傘を使える！」「これで今年は農作物が凶作にならなくて済むかも」という人も一定数いるわけです。

つまり、**事実をどう捉えたかが「解釈」**であり、あなたは自分の思い込みで「雨＝悪い天気」と考えているにすぎません。

事実はひとつですが、解釈は無数に存在するのです。

いまや小学生も真似をしていると聞く、ひろゆきさんの「それってあなたの感想ですよね」という論破ワード。これは、「それってあなたの解釈ですよね（客観的な事実に基づいていませんよね）」と相手に指摘しているわけです。

問題の正解は、「B」です。

Aがなぜいけないのかというと「プロジェクトの進捗」という明確な事実についての質問をされているのに対して、「うまくいっているはず」という思い込みの解釈で答えているからです。

本書では「人の時間を奪わないために、ひと言でまとめる」ことが大切で、言葉にするスピードを上げることはトレーニングできるとお伝えしてきました。

しかし、**即答しようとするあまり「思い込みの解釈」でその場をしのごうとするのは逆効果**です。

Bの答えのように、「わからないことは、わからない」で答えればいいのです。適当な解釈は相手の信頼を失います。

こういったやりとりを教訓にできる人は、「今度聞かれたらこう答えよう」「ちゃんと想定問答を用意しておこう」と、前向きに成長できる人だと思います。

ちなみに「解釈」自体は、決して悪いことばかりではありません。

事実が決まりきっていない状況や、新しいアイデアを考えるときなどは発想の幅が必要になりますから、「自由に解釈する」ことが価値を持つ場合もあります。

それがビジネスとしてかたちになっていく過程で、「事実に基づいた評価」を受けていきます。

だからこそ、**「思い込みの解釈」と「事実」をしっかり分けて考えることが大切**なのです。

まとめ **仕事をスムーズに進めるために、「解釈」を捨てる。**

問題

新人から「注意はしていたのですが、ミスをしてしまいました」という報告がありました。あなたならA・Bどちらで返答しますか？

A

まいったな……。
あれほどアドバイスしたのに。
もういいよ、あとは俺がやる。

B

わかった。
ミスは誰にでもある。
問題は、それをどうプラスに変えるかだ。
まずは現状把握とリカバリーだ。

捨てる技術その2

「感情」を捨てる

あるとき、仕事先の担当者と大喧嘩をしたことがあります。

といっても大人ですから殴り合いをしたというわけではなく、延々と意見が食い違い、ひと晩中メールの打ち合いとなりました。

意見が食い違っているときにメールのみでやりとりをするのは、かなりの悪手です。なぜなら水掛け論がヒートアップするだけだからです。

私は、「意見のぶつけ合いに感情的な言葉は絶対に使わない」と決めています。「不快だ」「腹が立つ」「面倒だ」といったニュアンスの言葉を使ってしまうと、取り返しのつかないことになってしまうからです。

結局、そのバトルを切り上げて、後日、面と向かって打ち合わせをしたところ、お互いに誤解があったことがすぐにわかり、仕事は無事に終わりました。

もしメールで致命的な言葉をぶつけてしまっていたら、事態は悪化し、大事な仕事仲間を失ってしまっていたと思います。感情に任せて言葉を吐くことは、日常生活ではもちろんのこと、ビジネスの場においても、とても危険なのです。

例文のAには、ふたつの感情語が入っています。

まず、ミスを伝えてきた新人に対して「まいったな……」と漏らしてしまっています。

心理学的にはマイナスの状況を言葉で確認することで自身のショックを和らげる効果があるのですが、相手の前でつぶやくことで、新人を追い込んでしまっています。

さらに、「もういいよ」は、感情が制御できず、いったん目の前の事象をリセットしたいと思うあまり口走った感情語です。

短いあいだにふたつのマイナスの感情語をぶつけられてしまった部下は、心が折れてしまっても仕方がありません。ましてや、「俺がやる」という言葉で、新人から挽《ばん》回《かい》のチャンスを奪ってしまうことは、その後の成長の機会を奪うことでもあるのです。

「とっさのひと言」に本音が出る

問題の正解は、「B」です。

Bの言葉には、まず「わかった」という言葉が入っています。ミスを報告する側の精神状態を考えれば、あなたが受け止めてあげることが第一。そうしないと、相手には次の言葉が入っていきません。

続けて、「ミスは誰にでもある」と伝えることで、まず部下の心理的安全性を担保しています。「わかった」はよく聞く言葉ではありますが、追い込まれた人間には、とても優しいクッションになってくれます。さらに、「ミスをプラスに変える」という提示がなされています。

ドラマや映画で、「ピンチはチャンス」と主人公たちを奮い立たせる言葉が出てくることがありますが、あれはそのとおりで、予想外の苦境を乗り越えたときに、人は成長を遂げるのです。

そして最後に、突き放すことなく「現状」を把握し、「リカバリー＝取り戻そう」

と呼びかけています。

とっさに出るひと言は、その人の本音だと言われます。

そして、ビジネスの現場では、つねに他人やチームに対してどう目と気を配っているかが、とっさの言葉に出ます。

その場の感情に釣られて余計なひと言を吐き出さないように、注意しましょう。

まとめ **職場の人間関係をよくするために、「感情」を捨てる**

問題

マンションを内見に来たお客さんから、「ほかと比べてどんな点がよいのですか？」と聞かれました。あなたならＡ・Ｂどちらで返答しますか？

A

こちらのマンションは、とにかくリーズナブルで大人気なんです。残りわずかで、早めの申し込みをお願いしています。いまご購入いただくと特典もあります。

B

お見受けしたところ、ご家族でのお住まいをお探しでしょうか？
この物件は3LDKのファミリータイプ中心で、価格も抑えめなのが好評です。
駅近ですし、通勤・通学にも便利ですよ。

捨てる技術その3

「自分だけ得するトーク」を捨てる

新人のころ、先輩に口を酸っぱくして言われたことがあります。

「お前が言いたいことを言うな。相手が言ってほしいことを言え」

最初は意味がわかりませんでしたが、いざ一人で営業に出てみると、「それはあなたのしたいことでしょ？」「私たちのやりたいことはそれじゃない」と、お客さんからの冷ややかなコメントを何度もいただくことになりました。

人は誰しも自分の主義主張を持っています。ビジネスの場ではとくに、ついそれを振りかざしてしまいますが、相手も同じように「したいこと」を持っているわけで、それをぶつけ合う限り、永遠に平行線になってしまいます。

エゴはあって当たり前。しかし、お互いのエゴをぶつけ合うのではなく、交わらせてひとつにするのがビジネスなのです。

Aの返答は、「マンションの利点」というざっくりとした質問に対して、相手の属性やニーズを尋ねることなく、売り手である自分の都合しか話していません。もちろん商談の場ですから、リーズナブルという情報をいちおう与えてはいます。しかし、それがリーズナブルかどうかは相手の予算で決まることですし、必ずしも安い物件を探している人ばかりでもありません。

また、畳みかけるように「物件が残りわずかであること」を伝えていますが、これは不動産のみならず、あらゆる業界で使われている「いま決めないとなくなりますよ」という「プチ脅迫型」のコミュニケーションです。仮にそれが事実だとしても、相手が売りもののよさを実感していないうちから話すべきことではありません。

その状態で購入特典の話までいけたとしても「ただ売りたいだけ」ということが強調されるだけです。

自分も相手も得する一挙両得の伝え方

では、正解であるBの返答はというと、「お見受けしたところ……」から始まっています。

大事なのは、**言葉を発する前に相手をよく見ること**です。

観察したところ、客は「家族で住む新居を探しに来訪している」という情報が手に入りました。ならば、「この物件に住んだら、家族にどんなメリットがあるか」を提示すればいいのです。値段だけでなく、通勤・通学のことを添えれば、「ああ、買ってからの生活や子供のことまで考えておすすめしてくれているんだな」と受け止めてくれます。

「そうはいっても、そんなに的確に読み取れないよ」と思った方もいるでしょう。

でも、そんなときは「相手がうれしくて自分もうれしくなる一挙両得な伝え方はなんだろう?」と考えてみてください。

この場合、

●相手→マンションを買って、いま以上に生活が充実すること

・自分→マンションを気持ちよく買ってもらって、自分の営業成績が上がること

満たすべきはこのふたつになります。

このふたつを満たせる伝え方こそ、「一挙両トーク」です。

「同じ顧客に二度と会わないなんてこともあるのだから、気持ちよく買ってもらう必要なんてある？　売れればよくない？」

そう考える人もいるかもしれません。

でも、お客さんはお客さんを呼んできます。なぜなら、これだけSNSが発達している現代ですから、相手にいい印象を与えると、それだけで大きな波及効果を持つことが多々あるからです。

相手に得することを伝えた結果、自分も得する「一挙両トーク」を心がけましょう。

まとめ　相手から信頼を得るために、「自分だけ得するトーク」を捨てる

問題

会議で「どちらのプランを選ぶか」を聞かれました。
あなたならA・Bどちらで返答しますか？

A

個人的には1のほうが好きです。1のほうが、きっとお客さんも受け入れやすいのではないかと思います。

B

私は1を選ぶべきだと思います。なぜなら、1のほうがコストはかかりますが安全性が高く、ブランド価値の向上に寄与すると思うからです。

捨てる技術その4

「個人的な意見」を捨てる

「会議」と「打ち合わせ」の違いをご存じですか？

このふたつは、混同されて使われることがとても多いです。

ひと言でまとめると、会議は「議題に対して意思決定をする場」で、打ち合わせは「意見を出し合ったり相談をしたりする場」です。

会議には明確な目的が設定されますが、打ち合わせにはそれがなく、意見交換のみの場合もあります。どちらにせよ、事前に情報収集をして自分の意見をまとめておき、受け身で臨むことのないようにしなければなりません。ただその場にいるだけでは、「時間泥棒」につながってしまいます。

私も新人のころから、「紙1枚でいいから、自分の考えをまとめたシートを持ってきなさい」と厳しく教えられました。

もちろん、設定された場が重要な意味を持つほど、発言にも責任が伴います。

Aでまず出てくる「個人的には」という言葉は、「自信のなさ」と「責任逃れ」の典型例です。この言葉をビジネスの場で使う人は、じつは日本人にとても多いと言われています。

アメリカ人の友人が「personally speaking……（個人的な見解だが）」とビジネスの場で話しているのを見たことがありません。なぜなら、自分の意見が「個人的な見解」であるのは当たり前で、それをわざわざ強調する必要はないからです。「個人的には」と加えることで、「発言に責任を持ちたくない」という意図が透けて見えます。

ビジネスにおける会議は、あなたの個人的な意見を述べる場ではありません。

とくに「何かを決めるべき状況」においては、この言葉を使うのはやめましょう。あなたがその場にいることで背負っている責任を理解して、「自分の意見」を言えばいいのです。

Aは「お客さんも受け入れやすい（だろう）」という根拠が曖昧な「感想」になっていますが、これも「個人的な見解」という枕詞から始めてしまう弊害と言えます。

立場を理解したうえでの「自分の意見」とは

正解であるBの返答では、「私は1を選ぶべきだと思います」と、自分はどの立場に立つかということから始めています。

自分の意見に正解も不正解もありません。もしそのことで何か責めを負うような雰囲気が生まれたら、それは会議のリーダーが自由な発言を許さない窮屈な空気をつくり出しているからでしょう。

のちのちの議論で適切な結論にたどり着ければいいですし、そのために一人ひとりが「責任を持った自分の意見」を言えることが大切です。

自分の意見をはっきり伝えたあとは、論理的な根拠を述べましょう。正解、不正解はないので、自分が思う話の道筋で意見を表明したら、あなたのターンは終了です。

ちなみに、「個人的には」という言葉を悪く言っているように聞こえるかもしれませんが、この言葉が有効なときもあります。

それは「アイデアを膨らませるとき」です。

- 「AとBを提案したら、結局Aになったよ。個人的には、君が考えてくれたBをもうちょっとアレンジしたらAよりも魅力的になった気もするなぁ」
- 「実現性もコストも見合っていない案だけど、個人的にはおもしろくて夢があるし、いいと思ったよ！　いつか実現できるといいね」

このように、発想を拡大していく過程の「個人的な見解」は、その後のチームを活性化させることに役立ちます。

言葉は、あなたがいつ、どんな場所で、誰にどう使うかによって効果が変わってくるのです。

まとめ　**自分の意見をより魅力的にするために、「個人的な意見」を捨てる。**

問題

想定外のミスへの対応を問われた際、あなたならA・Bどちらで答えますか？

A

想定外のミスが起きたことを、誠に遺憾に思います。
可及的速やかに、善処して参る所存です。

B

誠に申し訳ございません。
現時点で判明しているのは、システムエラーが原因ということです。
より正確な調査を行い、再発防止に全力を注いで参ります。

捨てる技術その5

「曖昧なゴール」を捨てる

「永田町用語」というカテゴリーがあります。これは、永田町の政治家が答弁やスピーチで繰り出す、難解で意味のわかりづらい言葉のことです。

「スピード感を持って改善」
「極めて遺憾」
「注視」

ニュースで聞いたことがあるこれらは、政治家という立場上、「物事をはっきり伝えると責任をとらなければいけなくなる」ので、曖昧な言葉で濁しているわけです。
ですが、裏の意味はもうとっくにバレていて、SNSなどで突っ込まれているのをよく目にします。

「スピード感を持って改善」↓何をどう改善するのか具体策は言わない。
「極めて遺憾」↓残念には思うが、何かをするわけではない。
「注視」↓見ているだけ、何もしない。

それでもなお現在も、曖昧な言葉でその場を乗り切ろうとする攻防戦が繰り広げられています。

Aはまず遠回しに、「ミスは想定外であった」と言い訳から入っています。気持ちはわかりますが、言い訳から入るのは悪手です。

相手が聞きたいのは、現状把握と対応策です。謝罪のような緊迫した場面では、解釈のブレがない言葉遣いが要求されます。

相手はすでにマイナスの感情を抱いているわけですから、具体的な対応策がないと傷口がどんどん広がっていってしまいます。

この場合、「善処」という言葉も、実際には何をするのかが伝わってきません。仮に「対応」や「改善」と言い換えても同様です。「それ、具体的にはどうする気なの？」

と、相手がフラストレーションを抱えてしまいます。

その認識のズレをほうっておくと「自分たちがいま何を問題にしているのか、本当にわかっているのだろうか?」という疑念が生まれてしまうのです。

ミスは関係をプラスに変えるチャンス

正解であるBは、まず謝罪をしています。

謝罪会見を監修するプロの方にお話を聞いたことがありますが、「まずは非を認めて、丁寧に謝ること」、これに尽きるそうです。

人間にはプライドや防御本能が備わっているので、全面的な謝罪を生理的に拒否する傾向があるそうです。そういう悪手を繰り返している著名人は多いですが、感情ではなく理性で謝罪をすることが求められます。

そして、可能な限り情報を開示し、できうる限りの対応策を相手に伝えましょう。

このときも、難解な言葉や専門用語を並べてはいけません。相手が煙に巻かれたような印象を持ってしまいます。

最後に、「ミスをプラスに変える」という気持ちを持つことも大事です。起きてしまったことは取り返しがつきませんが、ミスや失敗を結果的にプラスにつなげた事例は山ほどあります。トヨタの有名な生産方式「カイゼン」でも、「小さく失敗して、大きく成功する」という理念が貫かれています。

かつてメルセデス・ベンツ日本の新聞広告で、「人は誰でもミスをする。」というキャッチコピーがありました。3歳くらいの女の子が、手に持ったグラスのミルクを床にこぼしてしまっているビジュアルです。

人間が人間である限り、ミスから逃れることはできません。

その真理をベンツが語ることで、安全への自信と優しい目線が伝わってきます。

ミスをするのが恥ずかしいのではなく、そこから逃げてごまかそうとするのが恥ずかしいのです。適切にリカバリーし、それを糧に成長してよりよい仕事で返せば、ミスされた側にも巡り巡ってプラスになるはずです。

まとめ　自分の意思を明確に伝えるために、「曖昧なゴール」を捨てる。

問題
取引先から「発注した商品が届かない」という連絡が入りました。あなたならA・Bどちらの伝え方で上司に報告しますか？

A

部長すいません。
X社から連絡があったのですが、担当のY課長が不在です。
そのことで先方が、『発注した商品の到着はいつですか？』とイライラされています。
どうすればいいでしょう……。

B

部長、トラブルのご相談よろしいでしょうか。X社から、発注した商品が届いていないことについて問い合わせが入っています。担当のY課長が不在で、誰も把握していないのでご対応いただくことは可能でしょうか。

捨てる技術その6

「ぼやけた全体像」を捨てる

教育業界の名のある方に、「伝えるコツ」について、お話を伺ったことがあります。

その方は、「話をするときは、まず地図を用意する。そのあとに、どう歩いたかを提示する」と答えていました。

これを私なりに解釈したのが、**「全体像の提示→具体の提示」**という順番で話すというものです（42ページでは「目的地の提示」としてお伝えしました）。

最初に大枠で「話の要点」と「聞く人に何をしてほしいのか」を提示しないと、迷子がたくさん生まれてしまいます。

細部から話を始めると、全体像が見えていないため、聞いている側の思考もあっちこっちに飛んでしまうからです。

Aの回答をご覧ください。状況を説明はしているものの、「何をしてほしいのか」という点が欠落しています。

もしかしたら、「部長にトラブル処理を頼むなんて心証悪いかな。でも誰も解決できそうもないし……」という逡巡《しゅんじゅん》があり、「状況を並べ立てれば察してくれるかも？」と考えているのかもしれません。

ですが、ほとんどの人間は明確に要請をしないと動けません。

「どうすればいいでしょう」という意見も、素直にそう思ったのも理解はできますが、仕事の場においては必ず、「自分自身の仮説」が必要です。

「どうすべきか」「どうしてほしいのか」を考えるクセをつけましょう。

頭のなかに、伝えたいことの地図を持つ

正解であるBは、「納品されるべき商品が届いていないというトラブルの相談である」という全体像をまず伝えています。このことで、部長は現状で何が起こっているのかを把握することができます。

そのうえで、「誰も把握していないので、部門責任者である部長に対応してほしい」と、はっきりと依頼しています。

トラブルの全体像を明確に伝えることで、聞き手である部長に何をしてほしいのかが明確になりました。

これならば、聞き手は「どうするか」を決めることができます。

人に何かを伝える際は、物事を全体像で捉えて、それから具体に落としていくクセをつけましょう。

さらに、話が続いていく過程で、具体で細部に入り込むことでだんだん話がわかり

づらくなってきたと感じたら、また全体像の話に戻して「現在地」を提示してください。

これを繰り返すことで、聞き手を迷わせずにゴールまで連れていくことができます。

頭のなかに明確な地図を持つことで、相手への要望を的確に伝えるようにしましょう。

まとめ **相手を迷わせないように、「ぼやけた全体像」を捨てる。**

問題

取引先から「この広告案のキャラクターは、著作権上問題ないのでしょうか？」と質問を受けました。A・Bどちらが適切な返答でしょうか？

A

おそらく大丈夫かと思いますが、本日は例として
ご提案したままで、持ち帰って至急確認します。

B

はい、著作権上は問題ありません。

あとは、表現上問題ないかは、どのメディアで使用するかが決まったら確認いたします。

捨てる技術その7

「曖昧な返答」を捨てる

プレゼンや会議の場で、「答えづらい質問」は容赦なく飛んできます。その際に、即答しようとするあまり、焦って曖昧な返答になってしまい、結果、相手の信頼を失ってしまうことがあります。

かつて企画提案の場で、「この企画は予算内で収まるのか」とクライアントに問われ、「収まるはずです。いや、収めてみせます！」と即答した人がいました。ですが、その企画のことをきちんと詰めておらず、あとから予算にハマっていなかったことが発覚。クライアントの機嫌を損ねるという事態になりました。

このシチュエーションは、じつはよく見る光景だったりします。

人はついプレッシャーを回避するために、苦し紛れに曖昧な返答で逃げてしまうことがあります。そうならないためには、できる限り**「想定問答」を用意する**ことが大切です。

Aについて解説します。

企画というものは、すべてをかっちりと決めて提案することが難しい代物です。「まだ存在しないもの、前例のないもの」に仮の構成を考え、値札をつけるわけですから、不確定要素ばかりとも言えます。

だからこそ、想定問答が必要になります。想定問答を効果的につくる秘訣は、**「自分のなかに、鋭く突っ込むもう一人の自分を持つこと」**です。

この場合、キャラクターが企画の提案に使われているのでしたら、

- そもそも、そのキャラクターは使用可能なのか
- 使用可能なら、使用料はいくらか
- 作者の了解は必要なのか

このくらいはすぐに頭に浮かびます。さらに、

- キャラクターを使うのとタレントを使うのは、どっちがいいのか
- オリジナルでキャラクターをつくることは可能なのか
- このキャラクターじゃなくてほかの候補はないのか

こういったことも、クライアントと自分の考えを重ね合わせたら、どんどん「ツッコミ」が浮かんでくるはずです。

もちろん、これらすべてを企画提案前に確認するのは難しいと思います。ですが、クライアントは、あなたとプレゼンの場で世間話をしたいわけではないのです。ならば事前に想定問答を用意しておけば、質問にも臨機応変に対応できるはずです。

相手の気持ちを想像して答えを用意する

正解であるBの返答では、まず質問に対して「即答できる部分と、できない部分が

あること」を示すために「～は問題ありません」と伝えています。

それによって、しっかり準備をしてきたことを感じさせつつ、「しかし、実現に関してはこの点に確認の必要があります」とひと言続けることで、「曖昧さ」を回避しています。

「自分のなかに、鋭く突っ込むもう一人の自分を持つ」とは、結局、「相手の立場に立って、相手の気持ちを想像して答えを用意する」ということなのです。

手塩にかけたあなたの企画が、曖昧さのなかで誤解されることのないように、頭のなかで想定問答を繰り返して説明に臨みましょう。

まとめ **相手からの信頼を得るために、「曖昧な返答」を捨てる。**

問題

上司から、進行中の仕事の進捗具合を問われました。
あなたならA・Bどちらで返答しますか？

A

はい、問題なく進行しています。
もうすぐ終わりが見えてきそうです。

B

はい、80%は終了しています。しかし、残り20%は不確定な部分が多く、あと3カ月はかかると思います。

捨てる技術その8

「抽象的な説明」を捨てる

「営業になったからには、数字を使いこなしなさい」

新入社員のころ、先輩によく言われた言葉です。

営業という仕事は、どんなおもしろい企画やプロジェクトも、最終的に値札を貼ってお客さんに売らなければならない。そこで、感情を排して合理的に説明できるのは数字しかないのだ、と教えられました。

ビジネスにおける説明は、「定量」と「定性」の2種類があります。

「定量」は、物事を数値や数量で表せる要素のこと。

一方**「定性」は、物事が数値化できない要素**のことです。

就職したてのころは、指導官である先輩への報告は「定性的」になりがちでした。

「勝浦、あの資料の件どうなってる？」

「あ、ある程度はできてまして……」

「ある程度ってどれくらいだよ。いつ終わらせるの？」

「すぐやります」

「すぐっていつだよ」

つねにこんな調子でしたから、先輩にはずいぶんと迷惑をおかけしました。

数字を使って「定量的」に説明していれば、仕事の進捗を問われた際にも次のような返答ができていたことでしょう。

「今月の売り上げ、どんな感じ？」

「3週目までの進捗で90％。あと1200万で目標達成です」

「達成できそう？」

「大型案件が動いたので、9割9分いけそうです」

「1分の不安要素は何？」

「台風が来た場合、セール自体を中止にする可能性があります」

「なるほど、天災は仕方ないね」

Aの返答は、一見よどみなく答えているように見えますが、完成度を聞かれていることに対してボヤッとした返答しかしていません。

さらに、「もうすぐ終わる」の「もうすぐ」は、人によってまったく捉え方の異なる言葉です。

・いっぱい入場者がいた
・短期間で終わらせた
・けっこう手間がかかる
・多少コストがかさむ
・すごく好評です

理由や根拠を問われているときに、これらの定性的な言葉を使うのは、注意が必要です。相手が明確な数値を把握できず、消化不良のまま、会話が進行してしまう危険性があるからです。

「定量」と「定性」を両輪で伝える

正解であるBのように、数字を使って定量的に説明すると、グッと納得度が増します。さらに、残りの数字に対してもフォローして期日を明示することで、聞き手もそのデータに対してリアクションが取りやすくなります。

もちろん、定量的な説明がすべてよくて、定性的な説明がすべて悪いわけでもありません。

たとえば、企画やアイデアなどの「数」は定量化できますが、「質」は定量化が難しいものでもあります。

調査業務などでは全体を定量的に見ることは必須条件ですが、マーケッターは「定性」から出てくる、一個人の意見であっても鋭い視点や、気づきにくい本音から戦略を組み立てたりします。

定量と定性は両輪なのです。

ところで、私の家の近所に、はやっているイタリア料理店があるのですが、いちばんのオススメメニューのナポリタンの横には、**「常連さんの70％はこれを頼みます」**と、店長からのコメントが定量的に書かれています。

そしてほかのメニューには、

- シェフがひと夏研究してつくりあげたグラタン
- イタリア人が毎日楽しむフォカッチャ
- 特別な日の食卓の真ん中に。仔羊肉のポワレ
- 当店でいちばん辛い！　ペンネアラビアータ

などと書かれていました。

これは、「定量的なデータ」と「定性的な説明」を使い分けている好例と言えるでしょう。

まとめ **わかりやすい説明のために、「抽象的な説明」を捨てる。**

問題

「AIとはなんですか？」と質問されたら、A・Bどちらで答えますか？

A

AIとは、計算機知能のうちで、直接的・間接的に人間が設計するものです。ディープラーニングによって、機械が自ら学習して特徴量を見つけ出せるようになったことで、飛躍的に進歩しました。

B

ＡＩとは、いわば人工的につくられた知能のことです。
人間が食物で成長するように、大量のデータを食べることで成長します。
ディープラーニングによって、囲碁の世界チャンピオンに勝利しました。

捨てる技術その9

「難解な専門用語」を捨てる

昔、とあるカメラ会社のカタログ制作の仕事をしました。

カメラは愛好家の方ならご存じでしょうが、「機械工学」「光学」「物理学」などが複雑に絡み合って機材をつくり出しているディープな世界です。

それを説明するカタログは、当然、専門用語のオンパレードになります。

最初は用語の理解に苦しんでいましたが、「自分みたいなカメラを何も知らない人にもわかりやすく伝えるのが役目じゃないか」と、はたと気づきました。

専門用語はスペック表に書いてあるわけですから、なるべく説明文は簡単にして、つい撮ってみたくなるような表現にすることを心がけたところ、「マニアックな視点に陥りがちだったことを気づかせてくれた」と、カメラ会社からも感謝されました。

もちろん、マニア向けの高額なハイスペックな機種ならそんな気遣いは不要でしょうが「**世の中の9割は素人である**」という言葉もあります。わかりやすい説明を心がけることは率先して行うべきです。

さて、例文に出てきたＡＩ。国家間で開発競争が続き、定期的に世界を騒がせています。技術は高度化すればするほどその仕組みはマニアックになりますが、得られる恩恵はシンプルになります。

ＡでＡＩを定義している回りくどい言葉は、じつは間違いではありません。ＡＩはまだまだ発展途上なので、定義も学者によってバラバラです。

ただし、一般人に理解できるかというと、「計算機知能」という単語が出てきた瞬間に、心のシャッターがガラガラと下りてしまうことでしょう。

説明で大事なのは、「相手の目線に下りる」ことです。

自分が相手より知識量があるなら、なおさらです。

それは相手を下に見ているわけではなく、目線を合わせて、わかり合える**「共通言語」**を探らないと、会話自体が成立しないからです。

たとえば幼稚園の先生が、「はーい、みんな！　G7で対ロシア制裁やウクライナ支援、中国や北朝鮮など東アジア情勢、核軍縮を話し合いましたね。食料、エネルギー、安全保障、気候変動対策も議題となっていましたが、ミカちゃん、どう思いましたか？　コウタくんは？」などと話し出したらギョッとするでしょう。

でも、ビジネスの場においては、程度の差はあれ、こんな一方的な会話がよく行われているのです。

相手の目線に立って伝える

Bで定義したAIの説明は、私が講師を務めるとき、受講生に説明している内容です。

私はAIに関して、しょせん素人です。理工系の学生や、GAFAM、AIベンチャーの方々に比べると、知識量の違いは歴然です。

だからこそ、受講生と同じ目線に立って「一緒に学ぶ」というスタンスで講義をしています。うっかり聞きかじった専門的な言葉を使ってしまったときは、受講生の顔を見ます。たいてい、頭の上に「?」マークが浮かんでいます。そしてその都度、「せっかく通ってきてくれているのに、目線の合わない話をしてしまった」と反省することになります。

相手の目線に立って、簡単な言葉で説明するよう心がければ、きっとわかり合うことができます。

まとめ **相手とわかり合うために、「難解な専門用語」を捨てる。**

問題 スピーチの冒頭で出席者の心をつかむために、あなたならどんなひと言で始めますか？　次の４パターンからひとつ選んでください。

A

本日はたいへん緊張しております。つまらない話かもしれませんが、お聞きください。

B

私は幸せになるには、３つの鍵が必要だと考えています。

C

私の生涯最大の失敗は？　と問われたら真っ先に
思い出す出来事があります。

D

ある調査によると、人生でいちばん恐ろしいこと
は死。3番目は飛行機に乗ること。
では、2番目はなんでしょう？

捨てる技術その10

「言い訳」を捨てる

私は「スピーチが得意だ」という人に、ほとんど会ったことがありません。話し上手だなあと思う人も、「いやいや、自分なんて」と、自分自身の評価は低かったりします。

どうやら、スピーチが苦手というのは、人間の習性のようなもののようです。

吃音《きつおん》に悩む英国王と言語聴覚士の深い友情を描いた映画『英国王のスピーチ』を観たときに思ったことです。

クライマックスで、主人公アルバートは国民に向けたラジオ演説を見事な内容でやりきるのですが、ブースには言語聴覚士のライオネルと二人きりになります。

もちろん、それまで積み重ねられた二人のトレーニングは意味のあるものなのですが、最終的には「親密な人と二人きりで話したから」うまくいったのではないか、というのが私の仮説です。

つまり、「気心の知れた人たちの前では、みんなスピーチが上手にできる」はずなのです。

ですがビジネスの場では、当然関係性の濃い人も薄い人も、初対面の人なんかもいて余計な緊張が高まります。

そうするとAのように、「緊張している」ことを宣言してなんとかプレッシャーを回避しようとし、なおかつ「つまらない話ですが……」と続けてしまうシーンをよく目にします。

じつは、これは逆効果です。

正式な場で「緊張している」ことが許されるのは、学生までか、結婚式の花嫁の父親くらいでしょう。何より謙遜だとしても、「つまらない話」なら聞きたいと思う人はいないはずです。

その場のノリで話すときほど伝わらない

メジャーなものは、Bの「3ポイントトーク」と呼ばれる、**「話す内容を3つにまとめて提示する」**切り出しです。

「今日は、私のこれまでの経験から、3つの話をします」

伝説のスピーチと呼ばれるスティーブ・ジョブズのスタンフォード大学での講演でも、冒頭にこれが使われています。

どんな名スピーチでも、「あとどれくらい続くのだろう?」と考えるとストレスがかかるもの。ポイントを提示することで、現在地がわかりやすくなります。

これは、前述の「地図を意識する」のと同じ考えです。

発展型では、「今日、私はたったひとつのことだけお伝えするためにやってまいりました」のように、さらに絞り込んでいくことも可能です。

Cのように、**「自分のエピソードや体験から語り始める」**というのも、効果的です。聴衆が聞きたいのは、誰かの話ではなく、あなたの話です。

我が身に起こったことならば、暗記する必要もなく堂々と話すことができ、聞き手に強い印象を与えることが可能です。

あるいはDのように、**「数字＋質問を投げかける」**ことで考えさせて引き込んでいくのも、有効な手法です。

質問するだけでもいいのですが、そこに数字が入ると、抽象と具体が絶妙にミックスされ、聞いていて退屈しないのです。

「ある調査によると、人生でいちばん恐ろしいことは死。
3番目は飛行機に乗ること。
では、2番目はなんでしょう？」

答えは「人前で話をすること」です。

日本人には、スピーチをまるで苦行のように考えている人が多いです。

私自身も、スピーチが得意ではありません。むしろ苦手だと認識しています。

それでも、あまり緊張しないで話せるようになってきたのは、以下の３つのことを心がけるようになったからです。

- 考えて、準備して、練習する
- 場数を踏むようにする
- 「つまらないと思われてもいいや」と開き直る

とくに大事なのは**「準備と練習」**だと考えています。
「話がうまくておもしろい人」に憧れて、ついその場のノリで話そうとする人がいます。ですが、スポーツにおいて、準備体操もしないで、普段から運動している人と同じことができるわけがありません。

スピーチを上達させるには、まずは「言い訳」を捨てること。
あとは練習あるのみです。

まとめ **言い訳がましく伝えないために、「言い訳」を捨てる。**

問題

プラン説明のまとめのひと言にふさわしいのは、A・Bどちらでしょうか？

A

こちらのプランは、プロジェクトとしても斬新ですし、有識者によるデータの裏付けも万全。一線級のメンバーが担当しますので、最高の成果をお約束します。

B

こちらのプランは、プロジェクトとしても斬新ですし、有識者によるデータの裏付けも万全。一線級のメンバーが担当しますので、最高の成果をお約束します。

ただし、予算について議論の余地があることは認識しております。

捨てる技術その11

「完全無欠なプラン」を捨てる

「完璧にはひとつの重大な欠点がある。退屈になりがちなのだ」という、作家サマセット・モームの言葉があります。

では、「完璧であることの退屈さ」とはなんでしょうか？

私は、人間は本能的に「完璧であることは嘘っぽい」と考えているのではないか？という仮説を持っています。

かつて、茶人の千利休《せんのりきゅう》は「不完全であることこそ自然で美しい」と説きましたが、この世の万物で「完璧なもの」などありません。みな一瞬の輝きはあれど、有限で儚い存在です。

仕事においても完璧なものなどなく、必ず光の裏には影があります。

Aのような美辞麗句を、会議の場で聞くことがあります。

たしかにポジティブな情報ばかりの言い切り型の説明を受けると、ワクワクすることも事実です。

ですが、少し引いた目で見てみれば必ず、何か懸念点があるものです。

その視点でAをもう一度見てみると、懸念点を気づかせないように隠す、あるいは、触れられないように取り繕っているようにも受け取れます。

そんなセールストークは、だんだん化けの皮が剥がれていきます。

あえてネガティブな情報にも触れる

正解であるBのように、一見ネガティブな面にも正直に触れることで「本当にそんなに完璧にうまくいくかな?」と生じていた疑念を、払拭はできなくともフォローすることができます。

ここで大切なのは、ネガティブをただ伝えて許してもらうということではありません。**ネガティブをポジティブに転換するために伝える**のです。

例文で言えば、「すばらしくチャレンジングなプランには予算がかかる」というのは、ビジネスの世界での共通認識でしょう。

そこで、「予算には議論の余地がある」と機先を制し、「一見コストがかかると思われるプランの妥当性」を納得してもらうための対話に持ち込むわけです。

相手とはそのときだけの関係ではなく、これから始まる長い仕事の苦楽をともにする仲になっていくはずです。

美辞麗句を並べて相手の突っ込みどころをなくしても、あとからマイナス情報が次々と出てきたら、長く信頼関係を続けていくのが難しくなってしまいます。

商談や企画説明の場は、仕事と信頼を勝ち取る場であることを忘れないでください。

まとめ **信頼を勝ち取るために、「完全無欠なプラン」を捨てる。**

問題

上司に考えを問う場合、あなたならA・Bどちらの聞き方をしますか？

A

部長は、今回のプロジェクトについてどう思っているんですか？

B

部長は、今回のプロジェクトについて、予算とチーム編成どちらに課題があると思いますか?

捨てる技術その12

「問い詰める質問」を捨てる

「我々はあまりにも多くの壁を造るが、架け橋の数は十分ではない」

これはイギリスの物理学者、アイザック・ニュートンの言葉です。

「人間の相互不理解」つまり、そもそもわかり合うことはできない、ということを如実に表しています。

なぜなら、私はあなたではないですし、あなたは私ではないので、「わかり合えた」と言われても確かめようがないからです。

ですが、ここで絶望しないでください。

だからこそ、**相手のために投げかける「ひと言」がとても大事**なのです。

さて、相手に質問を投げかけるときに、気をつけておきたいことが3つあります。

①相手の気分を害するような質問はしないこと
②相手が答えられる質問をすること
③相手に答えがあることを前提としないこと

①は言わずもがな、そもそも相手が話を平常心で聞けるような状態かどうかを確認したり、相手の気持ちを考えない質問になっていないかを考える必要があります。

私も20代のころは、まだまだ気配りの足らない人間でした。用事のある人を見つけると「一瞬よろしいですか？　この資料ですが」と、相手の反応を聞かずに話し出したりしていました。

この「一瞬」は、まったく一瞬ではありません。数分どころか、下手したら立ち話で数十分も話し込むことになり、ずいぶんと先輩をイライラさせたりしたものです。

そんな迷惑な同僚にならないための対策としては、「いま話しかけていいですか？」と聞いてから、話し始めるようにしましょう。

選択肢を与えない質問はしない

考えずに話をする人を相手にしていると、「どう答えていいかわからない質問」をよくされます。

広告の講義をしていれば、「私の案は、どうやったらよくなりますか?」、就活指導をしていれば、「私はどうやって就活したらいいと思いますか?」など、答えるとしたら「企画とは」「就活とは」をイチから教えないといけないような質問が飛んできます。

これは、質問というより、「答えを相手に全振りした独り言」だと考えています。

自分が質問される側に立ったときのことを想像すれば、こういう質問を投げかけないはずです。

相手が困る質問をしないためには、「○○についてはAとBの方法があると思いますが、どちらが最適だと思われますか?」というように、自分のなかで質問内容を一歩深く考えて、選択肢を用意してから、相手に委ねることで答えやすくなります。

選択肢があれば、人は判断しやすくなるのです。

仮にAもBも気に入らなかったとしても、それを踏まえてCを導き出すきっかけをつくることもできます。

「マクドナルド理論」をご存じでしょうか?

これは「実行可能なアイデアのうち、ライトで安易なものを提案することによって、ディスカッションが始まり、人々が急にクリエイティブになること」を言います。

ランチタイムに、「どこの店に行くか?」を考えたとき、「どこにしようか?」となったまま話が進まなくなったことはないでしょうか?

そこで「マクドナルドにしようよ」と提案してみます。すると安価なマクドナルドが選択肢に入ったことで、「マクドナルドは嫌だ。もっと腹にたまるものがいい」「いや、いまはマクドナルドくらいの気分だ」と、その基準からディスカッションが生まれるのです。

選択肢がない状況に対して、人は判断できないことが多いのです。

さて、③です。

①②を駆使してもなお、相手に答えや意見がない場合もあります。そのときは、素直にいったん引き下がりましょう。「あの人なら、あのことを当然考えてくれているはずだ」というのは、自分の思い込みである場合も多いです。

あくまで謙虚に、「では、次のタイミングで答えを聞かせてもらえますか」などとしておけば、相手に余裕を与えることができるし、自分にもさらに考える時間が生まれます。

相手が答えやすい質問をするコツ

さて質問例文のAは、「部長はどう思っているんですか?」という、問いが漠然としているうえに、聞きようによっては相手を責めているように捉えられかねない言い方をしています。これでは、上司も「部下に突き上げられたのか?」と身構えてしまいます。

正解であるBのように、論点を明確に、かつ選択肢を用意して質問すれば、上司のなかに仮説があれば、すぐに答えが戻ってきます。相手がまったく考えていなかったとしても、「あなたがいま何を気にしているのか」が伝わりますし、「ちょっと待って、一緒に資料を見て考えよう」などと前向きな状況に移行するかもしれません。

相手の立場に立って、答えやすい質問をする。
これは、学生から社会人まで必須のスキルです。

まとめ　答えを引き出しやすくするために、「問い詰める質問」を捨てる。

問題

プレゼン全体の締めにふさわしい伝え方は、A・Bどちらですか？

A

Xという技術が弊社にあります。御社の特許Yと合わせてZという商品をつくることが可能です。U社という競合相手がいますが、T市場ならば優位性を保てます。うまくいけば御社を業界トップに押し上げることができると信じています。どうかご検討願えないでしょうか。

B

世界を変革する商品をつくる、それを夢物語だと思っていませんか？

私たちが手を組めば、XとYを融合させてZという画期的な製品を生み出せます。

T市場であれば、U社さえも打ち負かし、私たちが業界トップに躍り出ることも可能だと信じています。

目的達成のためには何が必要でしょう？

そう、ビジョンの共有です。

さあ、ともに始めていきましょう。

捨てる技術その13

「事実の羅列」を捨てる

かつて、「よいプレゼンとは何か？　それは『感動』を与えることだ」と語っていた名コピーライターがいました。

プレゼンは、そこが重要な意思決定の場であるほど硬直化し、数字、課題、解決方法などの情報を、箇条書きのように並べ始める傾向にあります。

集まった情報は、料理で言えば「素材」でしかありません。よほど強い事実や斬新な企画であれば生のままで出しても受け入れてもらえるかもしれませんが、どんな素材を使って、どんな調理法で、どんな盛り付けで目の前に出てくるのかまでを楽しむのがプレゼンです。

その調理法にあたるのが「物語化」、盛り付けにあたるのが「スピーチスキル」です。

物語化においていちばん重要なのは、**「感動」＝「共感」を生むこと**です。

一方的な箇条書きの情報を伝えるプレゼンは退屈で苦痛ですが、感動＝共感のあるプレゼンは、つい引き込まれ、もっと先を聞きたくなります。

さらに、プレゼンは話者と聞き手が分断された状態ではうまくいきません。一緒につくりあげるものです。

では、最後にどうなっているのが理想か？

それは、**「私の物語」が「私たちの物語」になること**です。

例文を見れば一目瞭然ですが、Aは準備をきちんとして、真面目に伝えていることは感じられますが、伝え方にメリハリがありません。

また、これからパートナーとして大きな成果を挙げ、トップを目指していこう、という呼びかけの割には、淡白かつ、受注側と発注側がはっきり分かれた事務的な言い方になっています。

「私たちの物語」にする伝え方

正解であるBは、物語にするために、冒頭で「世界を変えるためにここにいる」と宣言します。そのためには、ふたつの企業が手を組むことが必要と説き、主語を「私たち」に変化させています。

ラストに「私たち」が向かうべき方向を指し示して、物語が動き出したことを印象づけています。

注目していただきたいのは、AもBも、含まれている伝えたい事象は同じ、ということです。

しかし、「何を」「誰に」「どんな方法で」「どんな目的で」「どんな感動を与えたいのか」を考えて「物語化」することで、ここまで印象が変わるのです。

プレゼンする際には、「自分の伝えたいことが物語になっているか?」を意識してみてください。
その物語が、あなたと相手を結びつける「私たちの物語」になっていれば、きっと成功に近づくはずです。

まとめ　同じ物語を共有するために、「事実の羅列」を捨てる。

第3章

ひと言でまとめるための思考と法則

この章をひと言でまとめると
「ひと言でまとめるためのコツを知る」です。

言葉は、思考の小さな変化である。

ジュール・ルナール

ひと言でまとめるために必要な「適切な物の考え方」とは？

問題

伝え方がうまい人とは、どのような人のことでしょう？

1　多くの言葉を知っている人
2　ユーモアにあふれた人
3　表現力豊かな話し方をする人

どれも正解！　と言いたいところですが、私はこう考えています。

それは「**そのとき、その場所、その相手に対して適切な伝え方ができる人**」です。

あなたは、お葬式の席で遊びに行く話をするでしょうか?
結婚式のスピーチで、人間の寿命の短さを語るでしょうか?
恋人と一緒にいるときに、昔の恋人の話を堂々と語るでしょうか?

たとえが極端かもしれませんが、多かれ少なかれ、人はついこのような「相手のことを考えない発言」をしてしまうものです。

たとえばあなたが5社競合のプレゼンに臨むとします。もちろん企画内容やチーム編成は大事ですが、チームリーダーがとくに気にするのは「発表の順番」です。というのも、1社1時間でも5社となると5時間。途中、休憩も入るでしょうから、プレゼンは1日がかりです。受ける側の負担も、それなりに大きくなります。

順番を自由に選べるなら、トップバッターか最後を取りたがります。
これは「一番手なら強い印象付けができる」「ラストなら記憶が新しいまま採点に入ってもらえる」といった理由からです。

逆に、もっとも避けたいのは「お昼休み直後の時間帯」です。いったん緊張が切れ、しかもランチ後で眠たくなる時間帯だからです。

もちろん、不利な時間帯だから必ずしも負けるわけではありません。

ですが、ここでポイントなのは「優秀なチームは、プレゼンの時間帯によって話す内容を変えている」ということです。朝イチとお昼直後とラストでは、当然聞き手の精神状態も違います。

話し始めたときに受け手が「あくびをしている」「退屈そう」「疲れている」といった様子が見受けられれば、優秀なプレゼンターは瞬時に言い方を変えたり、ユーモアを交えたり、内容を思い切って短くしてしまうこともあります。

これらはすべて、「伝えるとは自分の言いたいことを言うこと」ではなく、「その場において、適切な伝え方をすること」という大前提を知っているからです。

このことを理解していないと、飛びつきやすいテクニックに走った挙げ句、「なんかいろいろ言ってるけど、この人の言うことって頭に入ってこないな」といった印象を与えかねません。

その場において適切な伝え方をするためには、**その場において適切な物の考え方をすることが大切**です。

この章では、ひと言でまとめるために必要な、11の考え方と方法をお伝えします。

その1

「つまりこれってどういうこと？」と考える

――「つまり」思考法

「つまり」、
あなたは何が言いたいの？

本書を手に取ったあなたは、真面目で意識が高く、向上心があるはず。

しかし同時に、積ん読の書籍や、「あとで読む」にブックマークしたまま放置されている大量の記事にストレスを感じていませんか？

要は、何をどう始めていいかがわからなくなっているのでは、と私は想像します。

そんな迷い多きあなたに贈りたいのは、「つまり」の3文字です。

じつは「ひと言でまとめる」プロセスは、基本的に「つまり」の繰り返ししかありません。

私も含め、ほとんどのコピーライターはこんな経験をしています。

「勝浦のコピーって、回りくどくてわかりづらいね。つまりどういうこと？」

「つまりこの商品って、○○が大事ってことかと……」

「じゃあ、回りくどく△△から始めずに、最初から○○って書きなよ」

これは、コピーライターに限らず「考えがまとまらない」「遠慮や忖度《そんたく》が働く」「他人の反応を気にするあまり、つい核心を避けて伝えようとする」など、誰もが陥る思考の罠なのです。この罠を避けるためには、意識的に「つまり」を問いかけ続けて、**伝えたいことの純度を上げていく**しかありません。

私が「ほっぺるランド」という保育園のブランド広告をつくったときに書いたコピーがあります。「つまり思考法」で考えると、こんなプロセスです。

- 子どもって、どんな生き物にも「さん」づけをするよね。
  ← （つまり）
- 子どものうちに持っていた「生きとし生けるものへの敬意」を、大人になると忘れがちになってしまう。
  ← （つまり）
- 先生が子どもに教えるべきことはいろいろあるけど、いちばんは「命の大切さ」なのでは？

と、「つまり思考法」を実践し、「どんないきものにも、『さん』をつけるきみたち。」というコピーをつくりました。

これは結論である「気づき」から逆算して、このコピーがなぜ必要なのか？を紐解いていきました。

また、お仏壇のコガの広告では、「子どもたちがかけまわる法事は、幸福です。」というコピーを制作しました。「つまり思考法」で考えると、こんなプロセスです。

・お葬式って悲しい状況ではあるけれど、よくわかっていない子どもたちが駆け回っている姿はなんだかグッと来るな。

↓（つまり）

・それって、「家族の未来がつながった」ことの象徴と言えるんじゃないか。

↓（つまり）

・お葬式の場面にも、幸福は存在するんだ！

こう考えて、最終的に「お葬式」は広告コピーとしては言葉が強いので、「法事」と書き換えました。このように、「つまり」を意識的に使うことで、考えもしなかった響く言葉に出合えます。

何をどう始めていいかわからなくならないためにも、次の「つまり思考法」トレーニングを日常から行うクセをつけてみてください。

つまり思考法トレーニング

①自分の伝えたいことを紙に書く

②それに「つまり（それってどういうこと？）」と問いかける

③出した答えがまだまとまっていないなら、また「つまり」と問いかける

↓

④ひと言になるまで繰り返す

覆い隠された本質を見つけ出すために「つまり」と何度も自分自身に問いかけ続けることが大事なのです。

その2

難しいことを簡単に、簡単なことを伝わりやすく

――20文字の法則

伝えたいことをどれだけ「簡単」にできるか?

私が修業時代に繰り返し教わったのは、**「難しいことを簡単に。簡単なことを伝わりやすく」**ということです。

しかし、やってみると、これがとっても難しいのです。ときに仕事において「世の中の人がまったく知らない技術」とか「日本にはない名詞や考え方」を紹介しなければならないとき、その単語をそのまま書いてもほとんどの人に伝わりません。

そこで先ほど紹介した「つまりこれってどういうこと？」という法則を用いて、なるべく簡単に伝わりやすいものにしていきます。

それを簡潔に伝えるための方法が、**「20文字以内」**で**「小学生でもわかる言葉」**を使った「20文字の法則」です。

伝え方の方法論では、言葉を短く研ぎ澄ますことが大事です。

短ければ短いほど、いいです。

世の中の名言や、名キャッチコピーをご覧ください。数えてみるとほとんど20文字以内で構成されていることがわかります。新聞やＹａｈｏｏ！の見出しなどを基準に15文字以内にするという流派もありますが、私は、20文字以内なら即座に伝えたい内容を理解してもらえると考えています。

〈名キャッチコピー例〉

- お口の恋人（ロッテ）
- おしりだって、洗ってほしい。（ＴＯＴＯ）
- 目の付けどころがシャープでしょ。（シャープ）

もちろん、20文字以上の名コピーも存在します。ですが、「全文をパッと思い出せない」ということが多いのではないでしょうか。

人は、自分に必要なもの以外はどんどん忘れていってしまいます。相手の脳に負荷をかけずに覚えてもらうために、伝えるときは「20文字以内」を目指しましょう。

人はなぜ、わざわざ難しく言おうとするのか

もうひとつの物差しは、**「小学生にもわかる言葉で伝える」**ということです。

決して小学生をバカにしているわけではなく、それくらい簡単な言葉でないと誤解を生む可能性があるからです。前項で挙げた名キャッチコピーをもう一度よく見てみてください。すべて、小学生のときに習う言葉で構成されています。

人は何かを伝えようとするとき、つい難しい言葉や気取った言い回しをしてしまう傾向にあります。それはずばり、自分に自信がないからです。

私は読書が好きで、難しい表現や漢字を覚えるのも好きでしたが、それが仇《あだ》になり、何度も先輩から注意を受けてきました。

就職活動のときに、希望している業界に勤める先輩に面接の練習台になってもらいました。そこで私は、こんなふうに自己紹介をしました。

「私は、幼少期から友人に恵まれ、赤心の触れ合いを重ねてきました。いまでも密に連絡を取り合い、肝胆相照らす間柄です」

面接官役の先輩はすぐにストップをかけて、「勘違いしてないか？　伝えるということは、難しい言葉を使って賢く見せることじゃないんだ。誰が聞いても瞬時に理解できることがいちばん大事なんだぞ」と注意してくれました。

私はいつの間にか、自分の知識をひけらかして、伝わらない言葉で自分を飾ろうとしていたことに気づいたのです。では、なんと言えばよかったのか？

ひと言で伝わるようにまとめると、「私は、多くの友人に恵まれている人間です」と簡潔にし、その後に「彼らとは子どものころから助け合い、いまでも親友と呼び合える関係です」と続ければいいだけでした。

あっさりしているように見えますが、少なくとも言いたいことは伝わるし、相手も「それはどんな友達なの？」と話を続けたくなるでしょう。大きな落とし穴に落ちる前に、的確に指摘してくれた先輩には、いまでも感謝しています。

〈練習問題〉
以下の文章を、20文字の法則でまとめてみましょう。

・気の遠くなるほど遥かいにしえのころ、とある場所で翁《おきな》と媼《おうな》が糊口をしのいでいました。
　←
・昔々、ある所におじいさんとおばあさんがいた。

「難しいことを簡単に。簡単なことを伝わりやすく」をつねに意識するようにしましょう。

その3

つまずく前に二度問いかけよう

——W問いかけ法

伝え上手は、
二度問いかける。

「つまり」という言葉をつねに頭のなかに置くことが、物事をわかりやすくひと言で伝えるための法則だと前述しましたが、「W問いかけ法」はその発展型です。

あなたが誰かに何かを伝えようとするとき、よほどの緊急事態でなければ多少の「間」があるはずです。そのときに二度、問いかけてほしいのです。

一度目は、「誰に、何を、なぜ伝えたいのか？」
二度目は、「つまり」こういう言葉なら伝わるはずだ。

解説すると、一度目の「誰に、何を、なぜ伝えたいのか？」は、

①自分の考えを整理する
②相手との「ゴール」を設定する

ためにする問いかけです。

そして二度目の「つまり」で、相手に伝えることを短くわかりやすい言葉で表現できるかを考えるわけです。

いわば、「つまりの法則」を、より効果的に使うための考え方です。

あなたは上司や先輩から、「頭のなかでしっかり考えてから発言しろ。思いついたことをすぐに吐き出すな」といったアドバイスを受けたことはありませんか？　私は山のようにあります。

アイデアならまだいいのですが、私には思いついたくだらないジョークでもすぐに言うクセがあり、空気を読まずにクライアントの前で発言してしまい、あとでこっぴどく叱られたことが何度もありました。

「思いついたことをすぐに吐き出すな」とは、いったいどういうことだろう？　と、私なりに考えて導き出したのが、この法則です。

そして、会議の重い空気をなんとかしたい、クライアントとの距離を縮めたいという意図を表現したジョークがこちらです。

「今日のために徹夜で資料をつくりました」

「それはありがたいですが、寝なくて大丈夫ですか?」

「はい、ただ資料はここにありません」

「え、お持ちでない？　なぜ……」

「はい、自宅で寝かせております」

このようなわかりやすいものであれば、相手も意図を感じてくれるでしょう。

あなたがジョークを言って「つまらない」と怒られたとしたら、それはきっと現代人の心が狭くなっているだけです。気にしないでください。

その4

あえて愚かになろう

――KISS思考法

シンプルにすれば、
他人の時間を奪わない。

大切なことは、KISSで伝えよう。

こんなふうに書くと「いきなりセクハラ⁉」と驚く人がいるかもしれませんが、これは、**KISS＝「Keep It simple, Stupid.」（シンプルに、愚鈍にせよ）**という英文の頭文字をとったものです。

「愚鈍」とは直訳ですが、内容をシンプルにして、相手のためにストレス度を下げるという意図です。

スティーブ・ジョブズは、「Stay foolish！（愚かであれ！）」とスタンフォード大学のスピーチで述べましたが、「愚かである」ということは、「目的に対してシンプルであれ」という意味を持つのです。

ですが、ビジネスの場においてはとくに、簡単なことを難しく、難しいことをさらに難しく表現する人が多いのが事実です。

回りくどい説明は、相手の時間を奪うことになる

「昨今の○○市場から鑑みるに、いまの状況では御社は非常に厳しいと言えますので、ここはひとつ大きな決断を持って考え方や方法論の転換を図るのはいかがでしょうか。現状をたとえて言うなら、溺れる犬がわらにしがみついているようなもので、わらではなくまず丸太にしがみつき、陸を目指すことが大事で……」

これは、ひと言でまとめて「いまの市場環境では、戦略の転換が絶対に必要です」とすれば伝わります。その後に具体策をつけていけばいいのです。

なぜこういう回りくどい説明が生まれてしまうのでしょうか。

それは**「強い結論を出すことは、リスクを背負うことになる」**と多くの人が思っているからです。

ですが、結論が見えない提案こそ、時間泥棒です。

口に出す前に、「誰が聞いても伝わるものか？」と自分に問いかけてから話し始めましょう。

その5

「共感」と「実感」と「快感」で伝える

――三感法

あるあるを見つけ出し、
武器にする。

私は趣味でお笑いネタを研究しているのですが、あるとき、ピン芸人のネタのほとんどが「あるあるネタ」になっていることに気づきました。あるあるネタとは、ひたすら「あるある！」と共感できそうな状況やシーンを重ねていく手法です。

〈あるあるネタ例〉

- ケータイの画面が小さく割れると気になるが、大きく割れると気にならなくなる。
- 母親の、電話に出るときの声の違いに戸惑う。
- マラソンでの「一緒に走ろう」は、たいてい裏切られる。

こういった「わかるわかる」を繰り返して、だんだんシュールにしたりしながら自分の世界に引き込んでいくわけです。

なぜピン芸人はあるあるネタが多くなるのかというと、漫才が二人のかけ合いでネタを膨らませていくのに対し、ピン芸は一人で舞台に立ち、審査員や観客との擬似的な「対話」によって成り立つ芸だからだと考えます。

日常生活でも、短時間で相手との距離を近づけるための近道のひとつは、お互いの共通項を発見し、共感し合うことです。まさに「あるある」です。

まず何か言葉を発する前に、「この人と私の共感ポイント＝二人をつなぐもの」を探しましょう。それをどう伝えれば、「実感し合えるか＝お互いの利益になるか」までを考えるのです。

たとえば、私はあるプロジェクトでお客様に初めて会ったときに、そのお客様があるブランドの服を着ていることに気づきました。

そこで「そちらの服は◯◯の限定モデルですね！　私も欲しかったんですよ」と言いました。これは「お互いの共感ポイント」です。相手は悪い気はしません。さらに、「◯◯って、この夏、新しいデザイナーのラインナップが出るみたいですよ。ご存じでしたか？　表参道にショップもできるみたいです」と続けます。これは「自分と相手の実感できる利益」です。

共感（私とあなたをつなぐもの）

＋

実感（私とあなたの利益になるもの）

＝

快感（脳は短い言葉でわかり合えると喜ぶようにできている）

こうやって「共感」と「実感」を連続で受けると、「この人は自分にとってプラスのことを与えてくれた」と、「快感」を感じるようになります。

これは脳科学的にも実証されているそうです。

大事なのは、**お互いが気持ちよくわかり合えるためには何を伝えるべきかを考え続けること**です。

その6

「強烈な提示」＋「なぜそうなったのか」＋「結論」で伝える

――スパイシーサンド法

物語は事件から始めて
3層構造に！

「物語は事件から始めろ」という言葉をご存じでしょうか?

これは私が学生のころ、シナリオについて学んでいるときに出合った言葉です。

初心者が物語を書く場合、つい設定や主人公の生い立ちなどの「こまごまとした説明」から入ってしまいます。そうすると物語のリズムが狂い、ときに言い訳から物語が始まっているような印象を与えるという、いわば戒めの言葉です。

読者を物語に引き込むためには、最初に事件を起こし、その後に補足で設定を伝えるべきと教わったわけです。

そしてこの手法は、すべての「伝え方」にも応用できます。

たとえば、スピーチのうまい人には共通の特徴があります。

すべての印象的なスピーチは、

● **「強烈な提示」+「なぜそうなったのか?」+「結論」**

という3層構造でできているケースが多いのです。

これを私は、**「スパイシーサンド法」**と名づけました。

記号化すると、「！＋？＋。」となります。


これは、あるNPOの方の講演で聞いた話を抜粋したものです。


5年前、私は中毒患者でした。

中毒、といっても、仕事中毒です。管理職だった私は、家庭を顧みずに働きました。当然、会話もほとんどありません。

付き合いと称して飲み歩き、根拠のない自信のもと、健康診断にも行っていませんでした。そしてある日、私は倒れてしまったのです。

病院のベッドで考えました。私はいったい何に取り憑かれていたのだろう？　人生においていちばん大切なものはなんなのだろう？　と。

それが、健康と幸福度をさまざまな側面から可視化して向上させていくNPO法人の立ち上げのきっかけになったのです。

（中略）

いままでは、かつての私のような「中毒患者」の方は働き方改革でだいぶ減りましたが、それでもサインが出ている方はひと目でわかります。

医者であれば治療すればその仕事は終わりますが、人生の幸福を考えることに終わりはありません。

私たちは「あなたの人生のかかりつけ医」でありたいと考えています。

中毒患者、という「強烈な提示」があり、「仕事中毒」に陥った自分がNPOを立ち上げるきっかけになったことがスムーズに伝わります。そして結論では、自分たちは医者ではないが、「人生のかかりつけ医になることができる」と、冒頭の「患者」から立場を逆転させることで、提示を回収してスピーチを終わらせています。

「!（キック）＋?（なぜ）＋。（結論）」の法則を活用し、伝えたいことを組み立ててください。

その 7

文章をポジティブに変換する

――ポジティブ変換法

すべての物事を、
いいように捉える。

とある雨の日、あなたはバス停で会った知人に、なんと声をかけますか？

「こんにちは、あいにくの天気ですね」

こう切り出す人が多いのではないかと思います。

確かに、こういった声かけで「共感」を生むことはできるでしょう。

しかし、「相手と共通の利益」になることはありません。むしろ、すでに雨で憂鬱な気持ちを抱く相手に「そんなこと、わざわざ言わないでよ」とすら思われてしまうかもしれないのです。

そこで、こう伝えてみてはいかがでしょう？

「雨が降ったおかげで、車内でお話できそうですね」

あなたは雨が降ったことで、いつもと違う交通手段を選びました。そこで知人同士が普段にはない親密さで会話ができるなら、恵みの雨と言えるのではないでしょうか。

あるいは、

「こんな天気の日は、オフィスで集中して仕事ができそうですね」

などというのもいいですし、

「この雨なら水不足になりませんね！」

といった、少し違った視点の話題でもいいかもしれません。

この例からわかるように、すべての物事には必ずいい面と悪い面があります。

そして、雨＝悪い天気と決めつけてしまった瞬間に、その裏にある「水不足を解消するもの」とか「屋内での作業に集中させてくれるもの」といったポジティブな話題に変換できるチャンスを見落としてしまうわけです。

「すべての物事を、いいように捉える」

これは私のようなコピーライターが得意とする思考です。

担当する商品が必ずしもほかと比べて優位性があるものではないときは、「この商品を、どうポジティブに変換してやろうか？」と考えます。

たとえば、こんな感じです。

- スピードが出ない車↓ゆっくり景色を楽しむための車
- 操作方法が複雑なパソコン↓マニアなら楽しんで操作できるパソコン
- 山道でアクセスの悪いテーマパーク↓行き帰りも冒険になるテーマパーク

ポジティブにその商品を変換すると、当初考えてもみなかったユーザーや、新しい市場が生まれることがあるのです。

ぜひ、何かを伝える前に「**もっとポジティブに、相手を楽しませるような言い方はできないか?**」と考えてみてください。

その8

「伝え方」はトレーニングで身につけられる

――アスリート式伝達法

「伝える」は、
才能のいらないスポーツだ。

伝えるということを、「スポーツだと思って取り組んでみる」というのが、この思考法です。

頭で考えるだけでなく、体を使って言葉をしぼり出すイメージを持ちましょう。そして、こんな順番で筋力トレーニングのように伝えていってみましょう。

1　常識や定型を疑う頭の柔軟体操

運動不足を重ねていくと、人間の体は硬く動きづらくなります。思考も同じで、考えることをやめると、頭も発想も硬くなります。

この本を手に取ったあなたは、きっと「もっと私に合ったいい伝え方があるはずだ」と頭の柔軟体操を始めた人です。このまま、頭を柔らかくするイメージで進んでいきましょう。

2　言葉をキープする持久力トレーニング

普段から、いい言葉に出合ったときにメモをする習慣を身につけましょう。一流のアスリートは、小さいころから日々のトレーニングノートをつけています。同じように、「伝えるトレーニング」では、毎日の課題や発見を言語化することが重要です。いわば、言葉と向き合うためのトレーニングです。

3　5秒以内に言葉にする瞬発力トレーニング

秒数を決め、その時間内に行動をするというトレーニングです。

日常の会話のなかで、「30秒以内になんらかの言葉を発する」と決めます（大手コンサル会社でも、最低30秒以内に返答するというルールがあるそうです）。時間が来たら、まとまっていなくても話し始めます。最初はしどろもどろになりがちですが、普段から考える習慣をつけていれば、言葉にするのが苦ではなくなります。

また、言葉の瞬発力も鍛えられます。あとは15秒、10秒、5秒……と短くしていってみてください。自信がつけば、自分と相手のペースを見ながら、テニスのラリーのように会話が楽しめるはずです。

4　相手の精神状態を察知する戦闘考察力トレーニング

「戦闘考察力」とは、漫画『HUNTER×HUNTER』に出てくる言葉です。主人公ゴンを鍛える師匠ビスケが、修行中にこうつぶやきます。

敵を観察し 分析する力
そして 敵を攻略するための手段を戦いながら瞬時に考える力
すなわち戦闘考察力!!
様々なタイプの敵と戦わなければならない念での戦闘…
そこで最も大切な戦闘技術とは〝思考の瞬発力〟!!
「いかに対処するか」をすばやく幾通りも考え取捨選択し
適切な対処法を実行に移すまでの刹那!!
まずは考えることに慣れ それを限りなく反射へと近づける訓練!!
（『HUNTER×HUNTER』15巻より）

これは、考察し、思考する力を高める「思考の武道」が存在し、道であるからには型が存在するという考え方に基づいています。

簡単にまとめると、伝えるべき相手に向き合ったときに、

①複雑な状況、環境を瞬時に分析する。
②相手の感情や行動を考察する。
③何を伝えるかを素早く何通りも考え出す。
④もっとも適切な言葉をその場に放つ。

このプロセスで考え、伝えていくということです。

伝える、という行為に大きなストレスを感じている方は、「これはスポーツなのだ」「これは武道の一環なのだ」と頭のなかで捉え直して向き合ってみてください。

スポーツだから楽しめるし、失敗してもノーサイドです。
そして、伝え方は才能ではなく、トレーニングで必ず向上します。

その9

相手の頭に映像が浮かぶように伝える

――瞬間最大描写法

「もっとも象徴的なワンシーン」が、心を捉える。

私は落語が大好きです。寄席の近くに住みたいと思い、浅草で暮らしていたこともあります。

そんな私は、落語は究極のピクチャートークだと考えています。ピクチャートークとは、**「聞き手の頭に、鮮やかな映像が浮かぶように話すこと」**です。

落語は基本的にはずっと座ったまま最低限の身振り手振りで、複数の人物を演じ分け、噺《はなし》を表現していきます。

たとえば落語でもっとも有名な噺である「時そば」の一節。

またいい丼ぶりを使ってるじゃねぇか
物は器で食わせるってまったくだね
中身が少々不味くっても器がいいとうまく食えるんだよ

ふぅふぅ〜
おぉいいい匂いだね

匂いを嗅いだらうまいか不味いかわかるんだよ
おれは自慢じゃねぇが蕎麦っ食いだからね
汁加減もよさそうだね

ふぅ〜ふぅ〜
ズズ〜ズズズ〜
うん！　鰹節を盛ったねぇ！
うめぇよこれは
いいねぇ蕎麦っていうのはこう細くなくっちゃ
なかには、うどんみたいに太いものがあるんだよ
あんなもの江戸っ子が食っちゃいけねぇな

いかがでしょう？
頭のなかに、「鰹節の出汁の効いた、うまそうな蕎麦」が浮かびませんか？
ピクチャートークの力を磨くには、落語だけでなく、小説やラジオドラマなど「自

分の頭のなかで映像を思い浮かべて進行するお話」に多数触れることが大事です。

そして、このピクチャートークをベースにしたのが、**「瞬間最大描写法」**です。

これは「短く簡潔に伝えるには、その瞬間のもっとも象徴的な部分を伝えればいい」という法則です。これは、44ページの「コア」を探すでもお伝えしました。

言葉を削ぎ落として、「もっとも心が動いた瞬間」「もっとも大事な物事」「もっとも象徴的なワンシーン」を伝えるのです。

たとえば、上司にプロジェクトの成果を報告するとします。

「今回のプロジェクトでは、我々の準備が万全だったこともあり、もちろんトラブルや問題点がなかったわけではありませんでしたが、1年にわたる長い実施期間を走り切ることができ、先方も大変満足されていました」

さて、この報告にどんな「伝わりづらさ」が潜んでいるでしょうか？

まず、これは「成果の報告」です。ならば、成果に焦点が当たっていないとならないはずですが、話が「自分たちのこと」から始まっています。

上司は当然、自社の過程は把握しているはずです。さらに、途中に言い訳のようなフレーズが挟まることで、話のテンションが落ちています。

極めつきは、成果の報告なのに「満足されていました」というあっさりした話で終わっています。これでは、せっかくあなたががんばってプロジェクトを推進したのに、上司にも平板な印象を抱かれてしまいます。

たとえば、こんなふうに報告してみましょう。

「最後に、先方の部長から握手を求められました。『このプロジェクト、いろんなことがあったけど、君と一緒に組めてよかった』と目を潤ませおっしゃっていただきました。困難はありましたが、売り上げが当初の見込みを大幅に上回り、私も大きく成長できました」

どうでしょう？　この場合、プロジェクト終了時に「先方の部長に握手を求められたこと」を瞬間最大描写の対象として捉えています。

先方の部長が戦友として、プロジェクトの終了の喜びと安堵と少しの寂しさを感じながらあなたに握手を求める映像が頭に浮かんできたでしょうか？

こんな報告なら、上司もあなたの成長が感じられて、うれしいのではないでしょうか。あなたの仕事の場面のそこかしこに、じつはこんな瞬間は存在しています。

何を感じたか？　何があなたを突き動かしたか？

その一瞬に吹いた風を表現しましょう。

その10

名前をつけて伝える

――ネーミングの法則

あなたがつけた名前で、
物事はいきいき動き出す。

あなたの周りに名前がない方はいないですよね？

この世の中には、名前がないものは存在していません。

だから、映画『千《せん》と千尋《ちひろ》の神隠し』では、主人公の千尋は名前を取り上げられて苦しみますし、名クラシック番組『題名のない音楽会』は、それ自体が「題名」です。

ときどき、意識の高いアーティストが自分の作品につける「無題」という名前も同じです。「無題」は真に「無題」ではなく、それがタイトルなのです。

コピーライターには、商品やサービス、企業の名前を考える「ネーミング」という仕事があります。

かつて私は「ＳＵＧＯＣＡ」というＪＲ九州のＩＣカードのネーミングに携わりました。新しく世の中に出ていくものにわかりやすく覚えやすい名前をつけるという、とてもやりがいのある言葉づくりの仕事です。

この「ネーミング」を応用したのが、**「ネーミングの法則」**です。

身の回りにある複雑な状況やまとめづらい状態を見つけたら、それに名前をつけてしまうのです。それによって理解が深まり、ときに解決策を生むことがあります。

たとえば私は10年ほど前に、放送、広告、出版、映画業界などの人たちがボーダレスに集う異業種交流会を立ち上げました。

その会の名前が、「放送、広告、出版、映画業界交流会」といったものだったらどうでしょう？　堅い印象もしますし、「どんな人が来るのかな？」とワクワクもしないと思います。

そこで、「この会は何かをつくっている人が集まる場にしよう」という結論にたどり着き、「つくる人の会」という名前にしました。

目的も明確になったことで、**「つくる人の会」**に参加しませんか？　とフランクに誘うことができ、日本アカデミー賞や直木《なおき》賞を受賞した方など、１００名を超えるメンバーが集まってくれました。

もうひとつ例を挙げます。

私の会社では、会議や勉強会に名前をつけるのが上手な人がいます。

みんなが苦手な法律関係の会議には、「3時間であなたも新しい法律マスター会議」。あるいは他業界の方々を呼んで行うセミナーには、「着火会」と名前をつけていました。未来に明かりをともし、想像力やモチベーションに火をつけるという、なかなかうまいネーミングです。

さらには新しい名前をつけることによって、会議の目的や方向性も明確になります。

ちなみに警察ドラマによく出てくる、捜査本部の入り口に貼られた「○×△連続殺人事件」といった事件名。あれは警察用語で「戒名」と言いますが、上層部の偉い人が考えてつけるそうです。戒名のなかに事件の概要や性質、捜査エリアなどが凝縮されて表現されることで、捜査員が明確に動けるようになるのです。

さっそくあなたも、身の回りのものや自分のアクションに、この本のなかの法則や技術を使いながら、わかりやすく端的な新しい名前をつけてみてください。

その11

たとえ話で理解を得る

――たとえ思考法

相手が理解しづらいものは、違う言葉でたとえてみよう。

私は言葉が好きでコピーライターになりました。

そんな私が毎日SNSで続けているのが、世界各国の偉人の名言を「今日はなんの日?」に合わせてつぶやくこと。本書にも先人の名言がちりばめられていますが、その多くに採用されているのが「比喩」の手法です。

- **「富は海水のようなものだ。多く飲めば飲むほどに渇きをおぼえる」** ショーペンハウアー
- **「愛とは発熱のようなものだ。予兆もなく現れ、去っていく」** スタンダール
- **「精神は氷山のようなものだ。それは7分の1だけを水上に表出して浮かんでいる」** フロイト
- **「人生とは自転車のようなものだ。倒れないようにするには走り続けなければならない」** アインシュタイン
- **「信念はギロチンのようなものだ。同じように重く、同じように軽い」** カフカ

このような「○○とは××のようなものだ」という構文ですが、富、愛、精神、人

生、信念といった抽象度の高い物事を説明するために、たとえ話が用いられています。
また、聖書にはこういった一節があります。「放蕩《ほうとう》息子」という有名なたとえ話です。

「また言われた、「ある人に、ふたりのむすこがあった。ところが、弟が父親に言った、『父よ、あなたの財産のうちでわたしがいただく分をください』。そこで、父はそれをふたりに分けてやった。それから幾日もたたないうちに、弟は自分のものを全部とりまとめて遠い所へ行き、そこで放蕩に身を持ちくずして財産を使い果した。」

（ルカによる福音書15章11～13節）

これは「父親↓神」「放蕩息子↓罪を犯した人間」を表していると言われています。
キリストは、自らの教えを人々にわかりやすく理解させるために、たとえ話を多用したという説もあります。

ビジネスにおいても、たとえ話は有効です。相手が実感できないようなことも、何かにたとえて説明をすることで、あなたの商品やサービスのよさをより深く理解してくれるようになるからです。

「このアイデアは、相手に単純に説明してもわからないかもしれないな」
「この状況がいかに大事か、深く理解してもらいたい」
「この商品の先進性を、素早く周知させたい」

そんなときはたとえの法則を使って、身近で共通項のありそうなものに言い換えてみてください。

名作キャッチコピーを見てみましょう。

• 鉄は、社会の骨である。（新日本製鉄）

・感動は20世紀の宗教だ。（文藝春秋）
・この涼しさ　富士山の8合目（東芝）
・生活の、同級生（伊勢丹）
・僕たちの、どこでもドア。（日産）

その企業や商品を理解させるために、対象となる人々のなかにある共通認識を引っ張り出してきてたとえています。でも、たとえるものが「どこでもドア」ではなくもっとマイナーなドラえもんの道具なら、成立しません。また、共通認識は時代によって移り変わるので、気をつけなければなりません。

ところで、ビジネスにおけるたとえ話というと、必ずやり玉に挙がるのが「野球やゴルフのおじさんたとえ話」です。

「今回の競合プレゼンは全員野球で行こう」
「彼はうちの部署のエースで4番だよ」

「今回の仕事、出だしのドライバーは勢いよかったけど、パットで失敗したね」

こういった表現をいまだによく聞きます。

これらのたとえ話が決して悪いわけではありません。ただ注意してほしいのは、先ほども述べたように、たとえ話は双方に共通認識があることが前提です。

かつての「誰もがプロ野球ナイターを見て、多くのサラリーマンがゴルフをたしなんでいた時代」は移り変わりつつあります。それを知らずに若い人たちにこれらのたとえを使っても、「?」と思われることでしょう。

たとえ話をするときは、「その場にいる人の共通認識として成立するか」を考えてから言葉にしましょう。

これまで、ひと言でまとめるためのプロセス、方法をお伝えしました。

次の章では、いよいよ実践技術をご紹介していきます。

第4章

さあ、
ひと言で
まとめよう

この章をひと言でまとめると
「実際にひと言でまとめてみる」です。

真理はそのままでもっとも美しく、
簡潔に表現されていればいるほど、
その与える感銘はいよいよ深い。

アルトゥル・ショーペンハウアー

相手の時間を奪わないために、簡潔な表現を身につける

まず法則をお伝えする前に、大事なお願いをもう一度言います。

勇気を持ってまとめてください。

日本人はとにかく「はっきりと物を言う」ことが苦手です。だから日本語もつい曖昧な表現になり、それを「察する」ことが美徳と考えている人もいます。

しかしこの本の目的は、「相手に敬意を持ち、時間泥棒にならないこと」です。

あなたが勇気を持ってひと言にまとめることが、相手のためにもなるのです。

それでは、実際に**ひと言にまとめるために必要な7つの法則**をお伝えします。

法則1　1文にはひとつのメッセージしか入れない

話しているうちに何を伝えたかったのかわからなくなる。

聞いているほうも、最初のテーマを忘れてしまう。

そんな経験が、きっとあなたにもあるはずです。

日本語は「膠着語《こうちゃくご》」と言われていて、名詞や動詞などの自立語に、補助となる機能語の助詞や助動詞がくっついているので、「果てしなくだらだらとした文章」が書けてしまいます。

たとえば、

- **今日は電車で出かける予定でしたが、雨が降り出したので、みんなで行き先を遊**

園地から映画館にしようと話したところ、ジブリの新作が上映されていることを思い出し、行くことにしました。

この読みづらい文章を分解すると、

①今日は電車で出かける予定だった。
②雨が降り出した。
③行き先を遊園地から映画館にしようと話した。
④ジブリの新作が上映されていることを思い出した。
⑤みんなで行った。

と、5つの内容が入っていることがわかります。

こういった場合は、**1文にはひとつのメッセージしか入れない**という法則を用いることで、グッとわかりやすくなります。

実際に書き換えてみましょう。

・今日は電車で出かける予定。ところが雨が降り出した。ジブリの新作が上映されていることを思い出し、行き先を遊園地から映画館へ変更した。

だいぶすっきりしました。

解説すると、⑤の「みんなで行った」は「目的地を変更する＝そこに行く」ことなので省略しています。

ちなみに人が理解しやすい文章の長さは、40字から60字程度と言われています。

ビジネス文章や説明を意図とする文章は、この字数を目安にしてみてください。

ただし、文学や随筆など、作家性の強い文章はこの限りではありません。

たとえば庄司《しょうじ》薫《かおる》さんの芥川《あくたがわ》賞受賞作『赤頭巾《あかずきん》ちゃん気をつけて』では、

──ぼくには、このいまぼくから生まれたばかりの決心が、それがまるで馬鹿みたいなもの、みんなに言ったらきっと笑われるような子供みたいなものであっても、それがこのぼくのもの、誰のものでもないこのぼく自身のこんなにも熱い胸の中から生まれたものである限り、それがぼくのこれからの人生で、このぼくがぶつかるさまざまな戦い、さまざまな苦しい戦いのさ中に、必ずスレスレのところでぼくを助けぼくを支えぼくを頑張らせる大事な大事なものになるだろうということが、はっきりとはっきりと分ったように思えたのだ。

といった具合に、延々と続く文体が特徴です。

これは「わかりづらい」のではなく、字面も含めて「感じること」が目的の文章であり、小説なのでＯＫです。

言葉はあくまで目的があって、初めて理想的なかたちができます。

〈練習問題〉

次の文章を、「1文1メッセージ法」で伝わりやすくまとめてみましょう。

- **出張費が増え続けていますが、すべての出張にチームで行く必要はないので、**

とくに高額な海外出張に関しては、プロジェクトリーダーと必要最低限の人数で行くようにしてください。

↓

（修正例）

- 出張費が増え続けています。すべての出張にチームで行く必要はありません。とくに高額な海外出張は、プロジェクトリーダーと必要最低限の人数で行くようにしてください。

法則2

主語と述語の位置を離しすぎない

とあるバーで、こんな男女の会話を聞いたことがあります。

「僕はこれまでいろいろな女性と会ってきて、うまくいったときもそうでないときもあったけど、今夜みたいなデートは初めてで、本当に楽しかったし、君とずっと一緒にいたいと思うから、もし怒ったり、嫌がったりしないのであれば、差し支えなければ付き合いたい。どう思う？」

この話がわかりづらいのは、主語と述語の位置が離れすぎているのが原因です。

文章に限らず、人に何かを伝えるときに大事なのは、主語と述語です。大切な主語と述語は、1文でまとめて冒頭に置いたり、別の文にしたりすることで格段にわかりやすくなります。

「僕は君と付き合いたいんだ。これまでいろいろな女性と会ってきて、うまくいったときもそうでないときもあった。だけど今夜みたいなデートは初めてで、本当に楽しかった。ずっと一緒にいたい。もし君が怒ったり、嫌がったりしないのであればだけど……どう？」

文末には少し感情の揺れを入れてあります。

こんなふうに単刀直入に言われたら、ドキッとするかもしれません。

〈練習問題〉

次の文章を、「主述近接法」で伝わりやすくまとめてみましょう。

- 私は、企画から提案まで一人でやるのは初めてで、上司からは期待されていますが、無事に終わることだけを願っていて、とにかく緊張しています。

↓

（修正例）

- 私は、初めて企画から提案まで一人でやるので、とにかく緊張しています。でも上司は期待してくれています。無事に終わりますように！

法則3

同じ言葉が文中に2回以上出てくる場合は、言い換えるか省略する

「言葉が豊かな人」とは、つまり「語彙力が豊か」ということです。

とある日本文学者の方は、**「語彙力とは言い換え力である」**と明言されていました。

そして、わかりやすい文章にするためには、**「同一文内で、極力同じ言葉を使用しない」**とも提示していました。

たとえば、この文章をご覧ください。

- **私は村上春樹《むらかみはるき》の小説が好きです。同時に、私は村上龍《りゅう》の小説も好きです。村上春樹と村上龍はほぼ同時期に名前が売れ、W村上などと呼ばれましたが、私は不満があります。なぜなら、村上春樹と村上龍の作風は全然違うと私は思うからです。**

「私は」が繰り返されたり、「村上春樹」と「村上龍」が何度も出てきたりで読みづらいです。短文で区切られているのはいいのですが、これでは文全体が幼稚な印象を与えてしまいます。

同じ言葉が文中に2回以上出てくる場合は、言い換えるか省略することを意識してみましょう。

（修正例）

- **私は村上春樹と村上龍、どちらの小説も好きです。二人はほぼ同時期に名前が売れ、W村上などと呼ばれましたが、不満があります。なぜなら、彼らの作風は全然違うからです。**

語り手は自分ですから「私」の登場は一度にしました。そして村上春樹と村上龍のことは、「二人」「彼ら」と言い換えることで、すっきりと意味の通りやすい文章になりました。

このように「『重複する言葉を何に言い換えるか』をたくさん知っていること」が語彙力のひとつの目安です。

しかし、語彙力はそう簡単に身につくものではありません。小説や随筆など、良質な文章に毎日触れて、少しずつ育つものです。

「本を読んでいる時間はないので、いますぐすっきりした文章を書きたい！」という方は、「言い換え辞典」を使ってみるのもおすすめです。

〈練習問題〉

次の文章を、「同語言い換え省略法」で伝わりやすくまとめてみましょう。

- **今回の契約についてですが、先に契約書を送っていただけますでしょうか。御社の契約書と弊社の契約書では書式が違うかもしれないので、契約前に確認をしたいと考えています。**

↓

（修正例）

・今回は、事前に契約書を送っていただけますでしょうか。両社の書式の違いを確認させていただきたいです。

法則4

箇条書きを使ってわかりやすくする

この文章の内容をご存じでしょうか。

・いつでも隊士らしく堂々と戦って、武士道を重んじましょう。ちなみに一度我が隊に入隊したら抜けることはできませんよ。隊士同士でお金の貸し借りを禁止します。アルバイトなんかもだめです。隊に報告しないで裁判に関わったりしないでくださいね。隊の仲間内はもちろん、よそでも許可なく戦闘や喧嘩をしてはいけません。

歴史が好きな方はピンと来たかもしれません。

これは、幕末に活躍した「新撰組《しんせんぐみ》の局中法度（隊のルール）」を文章化したものです。
これまで見てきたよくない文章例に似ている気がしませんか？
じつは「新撰組の局中法度」の本物は、箇条書きになっています。

『新撰組局中法度』（現代語訳）
一、いつでも隊士らしく堂々と戦って、武士道を重んじましょう。
一、一度我が隊に入隊したら抜けることはできません。
一、隊士が勝手に金策することを禁じます。
一、隊士が勝手に裁判に関わることを禁じます。
一、局内での私闘を禁じます。

じつに簡潔でわかりやすいですよね。この法度をひと続きの文章で書こうとしても、ここまでわかりやすくなりません。
伝えたいことが並列で多数存在する場合は、箇条書きにしていくとグッとわかりやすくなります。日本国憲法も全百三条の箇条書きになっています。

とくに、マニュアルや申込書のような複雑な手順を必要とするものをわかりやすくするのに、箇条書きのテクニックは必須です。

〈練習問題〉

次の文章を、「箇条書き法」で伝わりやすくまとめてみましょう。

・あいみょんのＬＩＶＥチケットは、ＱＲコードからサイトへ飛んで、希望日程をクリックし、名前とメールアドレス、携帯番号を入力したら、代金振込の口座番号が表示されるので、案内に従って入金してください。確認メールが届いたら予約完了になります。＊５分間操作がないと無効になります。

↓

（修正例）

・あいみょんのＬＩＶＥチケット申し込み方法

①ＱＲコードからサイトへ飛ぶ

②希望日程をクリック
③名前とメールアドレス、携帯番号を入力
④表示された代金振込口座に入金
⑤確認メールが届いたら予約完了
＊5分間操作がないと無効

こんなにわかりやすくなりました。

箇条書きは、話し言葉である必要はありません。余計な修飾語を削ぎ落とし、語尾を体言止めにするとつくりやすくなります。

ただし、箇条書き法は文章を情報化してシンプルに伝えるので、感情や情緒の表現には向いていません。複雑な状況を整理して、誤解なく伝えたいときに使うのがおすすめです。

法則5

「〜と思う」「〜と感じる」は使わず、できるだけ言い切る

「今日は空が青い！」と軽い気持ちであなたが話したとします。

「本当にそうなんですね？」と誰かに聞かれたら、「え……」と、一瞬動揺してしまうことでしょう。そして、「今日は空が青いというのは、私が個人的に思っただけでした。青というか、紺というか、群青というか、そんな色かもしれません……」といった、言い訳めいた言葉で濁してしまうかもしれません。

繰り返しお伝えしてきましたが、日本人はとにかく「断定」が苦手です。

これは、八百万《やおよろず》の神を信じるという日本人の宗教観であったり、空気や世間を重んじるコミュニティのつくられ方だったりに原因があると言われています。何かを断定して言い切ることに抵抗がある国民性なのです。

商品やサービスの説明をするときに、クレームや反論を恐れて曖昧な書き方になっているのをよく目にするようになりました。

「このお菓子は甘くておいしい」と言い切りたいのに、「このお菓子が世界一おいしいとは断言できないし、世界中のお菓子のなかで明らかに甘さが上位ランクとは必ずしも言えない。しかも、甘さといっても砂糖の甘さやショ糖、ブドウ糖、果糖などいろいろあるし……そもそもおいしいって主観だし」などとあれこれ気にした挙げ句、

「このお菓子は、甘くておいしいといって差し支えないと弊社は考えています」

＊甘さの種類は果糖で、すべての人が甘く感じるとは限りません。

＊おいしい、は個人の感想です。

などと、もはや商品のよさを伝えたいのか、ただ言い訳をしているのかわからないような説明になっているケースもしばしば見受けられます。

とくにＰＲに使われる言葉は、そのまま生活者との「約束」になるので、過度にリ

スクヘッジをしようとする企業が出てくるのは仕方ない部分もあります。ですが、通常の文章までこんなにまだるっこしくする「曖昧さの沼」から脱するためには、勇気を持って言い切ることです。

- **私は今日空が青いのを見て、絶好のドライブ日和ではないかと思いましたので、車を持っているあなたに運転をお願いしたいのですが、グループラインに告知をするので、みんなからの反応を待って出かける準備するほうがいいのではないかと感じています。**

こんな文章が送られてきたら、イライラしてしまいそうです。

じつはこの文章、実際に私が目にしたものです。油断するとこういう文章になってしまうのが、「ダラダラ続けられる」日本語なのです。

1文を短く、できるだけ言い切りましょう。

そして、「～と思う」「～と感じる」といった余計な修飾語は削りましょう。

〈修正例〉

- **今日は空が青く、絶好のドライブ日和。車を持っているあなたに運転をお願いしたいです。ＯＫならグループラインに告知をします。みんなの反応を待って、出かける準備をしましょう。**

だいぶすっきりしました。

あなたが感じたことや思ったことはあなたの「真実」なので、語尾を曖昧にせずに言い切ってしまって構いません。強い口調に聞こえてしまうかもしれませんが、むしろ曖昧な言葉で相手を戸惑わせることのほうが時間泥棒につながることは、忘れないでください。

〈練習問題〉

次の文章を、「言い切り法」で伝わりやすくまとめてみましょう。

・私の友人が悩んでいて、それはダイエットがうまくできないということのようでしたので、いろいろな本を読んで、乗馬がおすすめなのではと感じ、友人にやってもらったところ、痩せたのは馬だったようです。

（修正例）→

・私の友人の悩みは、ダイエットがうまくできないこと。いろいろな本を読んで、乗馬をおすすめ。結果、痩せたのは馬でした。

言葉を短くしていくことは、身体をシェイプしていくことに似ています。

法則6 文末のリズムをよくする

留学してもいないし、帰国子女でもないのに、流暢《りゅうちょう》な英語を話す知人がいます。その方に「英語をどうやって習得したのですか？」と聞いたところ、「大事なのは単語とリズム。文法は苦手なので、あまり勉強したことがない」と言っていました。最初はよく意味がわかりませんでしたが、別の英語の達人に「ビートルズを聴くだけでだいたい英語はわかるよ」と言われたとき、なんとなく理解できました。

話し言葉も書き言葉も、単語と文節によってできています。

そして、人間にとってちょうど心地よいリズムが存在するのです。

「タイポグリセミア現象」をご存じでしょうか？

人間が一定のリズムで言語を読めていれば、そこに多少の抜けや間違いがあっても脳が勝手に補完して読んでしまう現象のことを言います。

ためしに、声に出して次の言葉を読んでみましょう。

トウキョウ
ナゴヤ
キョウト

オオサカ
コウベ
ハタカ

もしかして最後の単語を「ハカタ」と読みませんでしたか?

じつは、書いてあるのは「ハタカ」なんです。リズムに沿って読むと、脳が「地名+カタカナ』という法則に慣れて、勝手に変換してしまうのです。

言語は一定の心地よいリズムで読まれるべきというのが、私の考え方です。

とくに、文末は文章全体の心地よさを左右します。

「1文1メッセージ法」や「言い切り法」は文章を端的にするにはもってこいの法則ですが、あまり厳密にやろうとすると、~た、~る、~だ、のような単語の連続になりがちです。

作家、谷崎潤一郎《たにざきじゅんいちろう》は、「日本語のセンテンスの締めは、限定され単調になりがちである」と述べています。

・ラーメン五郎では、トッピングにモヤシ、ニンニク、アブラ、カラメをつけることができます。ご希望があれば、トッピングをマシマシにすることができます。ただし、食べ残しには追加料金をいただくことをご了承いただきますようお願い申し上げます。

リズムが悪くて回りくどく、何より語尾に「〜ます」という言葉が続いています。法則3の同語言い換え省略法は、文末にも通じる考え方です。

・文末に連続して同じ言葉を使わない。
・省略や体言止めを用いてもよし。

これらを意識して文末を言い換え、リズムをつくりましょう。

・ラーメン五郎では、トッピングにモヤシ、ニンニク、アブラ、カラメをつけられ

ます。ご希望があれば、トッピングをマシマシに！　ただし、食べ残しには追加料金をいただくことをご了承ください。

文章のリズムをよくするもっとも簡単な方法は、「声に出して読むこと」です。音読は、リズムが悪いと口が嫌がります。大きな声でなくてもいいので、口と耳で文章のキレをアップさせましょう。

〈練習問題〉

次の文章を、「リズム法」で、聞いていて心地よいものにしてみましょう。

- アップル航空をご利用いただき、誠にありがとうございます。パイロットがマニュアルを読み終えたら離陸させていただきます。トイレは禁煙とさせていただきます。罰金は1000ドルいただきます。それだけあればビジネスクラスに乗れるかと存じます。なお、ユーモアが嫌いな方は出口へお進みいただくようお願い申し上げます。

↓

（修正例）

・アップル航空をご利用いただき、誠にありがとうございます。パイロットがマニュアルを読み終えたら離陸いたします。トイレは禁煙、罰金は1000ドル。でも、それだけあればビジネスクラスに乗れますよね？　なお、ユーモアが嫌いな方は出口へお進みくださいませ。

堅苦しい説明やアナウンスほど、小気味いい内容とリズムを心がけましょう。

法則7

余計な言葉をできるだけ削除する

余計なものがなく、短くても言いたいことがきちんと伝わるのが「いい文章」です。

じつは文章のなかには、削るべきものがこんなにあります。

・なくてもいい接続詞
・余計なひと言
・無駄な指示語
・過剰な敬語
・不要な修飾語
・しつこいカタカナ語
・重複表現

以下の文章をご覧ください。

・社内公用語が英語になりました。どうやら社長の指示のようです。そして、明日から開始だそうです。とはいえ、そんなことは無理です。だから、戸惑っています。社長はいったい何を考えておられるのでしょうか。社内コミュニケーションスキルというものは、そのようにすぐにドラスティックにチェンジできるものではないはずです。このルールを守らなければ、そのことをあとで後悔することになるそうです。

みなさんはどう思いますか？

ここに潜んでいるいらないものを、ざくざく削ってみましょう。

・社内公用語が英語になりました。どうやら社長の指示のようです。そして、明日から開始だそうです。とはいえ、そんなことは無理です。だから、戸惑っています。

←　　　　　　　　→なくてもいい接続詞

・社内公用語が英語になりました。社長の指示のようです。明日から開始だそうですが、そんなことは無理です。戸惑っています。

もとの文章は、一見丁寧ですが、不要な接続詞が多数あります。文章を流れどおりにつなぐ場合の接続詞は、極力削りましょう。「とはいえ」は逆接なので「～が」としています。

・社長はいったい何を考えられておられるのでしょうか。↑過剰な敬語

・社長はいったい何を考えているのでしょうか。
↓

敬意を表す言葉も、その対象ではない人とのやりとりの際は、なるべくシンプルにしましょう。「〜しておられる」「〜していらっしゃる」と何度も出てくると、文章がまだるっこしくなります。

・社内コミュニケーションスキルというものは、そのようにすぐにドラスティックにチェンジできるものではないはずです。←しつこいカタカナ語
↓

・社内コミュニケーションというものは、すぐ劇的に変化できないはずです。

「そのように」は、なくても意味が通じます。不要な修飾語は削りましょう。

カタカナ語は、ＩＴ業界や外資系企業などでとくによく使われます。カタカナ語をまったく使うな！　と指導している伝え方の本もありますが、私はバランスよく使え

ばいいと考えています。

目安としては、**ひとつの文章にカタカナ語はひとつまで**としましょう。そして、そのカタカナ語は、もっとも重要なテーマである場合、かつ日本語ではニュアンスがブレそうな場合に使用するようにしましょう。

この場合、「コミュニケーション」が全体のテーマになっています。それを「社内における言葉のやりとり」と日本語で言い換えても、かえって伝わりません。

そして、ほかのカタカナ語は日本語にしても問題なさそうです。

こうやって優先順位をつけていくと、スムーズに変換できます。

- **このルールを守らなければ、そのことをあとで後悔することになるそうです。**

↓　→ムダな指示語、重複表現

- **このルールを守らなければ、後悔することになるそうです。**

「そのこと」は、丸ごと削除しても意味が通じます。指示語は、「ないと文章が成立しないとき」のみ使ってください。
「あとで後悔」は、重複表現です。二重表現とも呼ばれ、同じ意味の言葉がふたつ入っている状態を指します。

×学校に登校→○学校に行く／登校する
×車に乗車→○車で行く／乗車する
×まだ未定→○まだ／未定
×違和感を感じる→○違和感がある

×は文法的にも間違っていますが、何より文章の印象がくどくなるので使わないようにしましょう。

・みなさんはどう思いますか？　←余計なひと言
←
・不要なので削除するか、「私は納得いきません」のように自分の結論を述べる。

こういった問いかけ系の言葉は記事やブログなどでもよく出てきますが、相手に何かを伝える際の文章は、「なるべく簡潔に」が鉄則です。そもそも、誰かが文章を読むということは、すでに書き手から読み手へ問いかけが行われているのです。

新聞の記事やコラムには、そのような余計なひと言はありません。いちいち問いかけずとも、読者の「考える姿勢」を信頼しているからです。

問いかけは、文章全体で自分の意見を通じて行うものです。

〈練習問題〉

次の文章を、「徹底削除法」で直してみましょう。

・社内公用語が英語になった理由がわかりました。どうやら、会社が外資に買収されるらしいです。ただ、まだいつかは未確定です。でも、不安を感じています。いったい、どんな経営者がやってこられるのか気になってしまいます。ただ、グローバリゼーションによって、グローバル人材の需要が、グロースし

ているのは事実だと思います。これを機に勉強すれば、外国人と、私の妻よりはコミュニケーションがとれると信じています。さあ、あなたなら、どうしますか？

（修正例）↓

・社内公用語が英語になった理由は、会社が外資に買収されるからと聞きました。いつかは未確定ですが、不安です。どんな経営者が来るのか、気になります。ただ、グローバリゼーションによって、国際競争力を持つ人材が求められているのは事実。これを機に勉強すれば、外国人とも意思疎通ができるはずです。

目的があって広く問いかけ、意見を集約しなければならないとき以外、わざわざ「どう思いますか？」「あなたならどうしますか？」などと、余計なひと言を書くのはやめましょう。

ビジネス文書は事実を伝えるだけではダメ

ここまで勇気を持って削り、文章を簡潔に伝わりやすくする7つの法則をお伝えしました。

それでは総仕上げです。これまでお伝えした技術や法則を使って、身の回りにあるまだるっこしい文章たちをまとめていきましょう。

①報告書
②依頼文
③スピーチ原稿
④企画書

とくにビジネスにおいて需要のあるこの4つについて、具体的に見ていきましょう。

①報告書

お手本になる、歴史的な報告書をふたつご紹介します。

まずはひとつめです。

・「来た。見た。勝った」

これは、古代ローマ皇帝カエサルが、ポントスのファルナケス2世との短期決戦でゼラの戦いに勝利したことを手紙で報告する際に用いたと言われています。

もちろん、手紙にはほかの内容も書かれていたわけですが、ここだけ読めばすべてがわかります。まさにカエサルの戦果と勝利までの迅速さを、適切かつ簡潔に表現しています。

もうひとつは、

・「?」「!」

です。もはや文章ですらありません。

この手紙を書いたのは『レ・ミゼラブル』の著者として有名なヴィクトル・ユーゴー。フランスを代表する小説家です。

『レ・ミゼラブル』を出版したとき、彼は旅に出ていました。売れ行きが気になり、編集者に出した手紙には、便せんの真ん中に「?」とだけ書かれていました。意図を瞬時に読み取った編集者は、同じく便せんの真ん中に「!」とだけ書いて返信したのだそうです。たった1文字のなかに、「本の売れ行きはどうですか?」「好評ですよ!」といった意図が込められていたというわけです。

なぜこのふたつがお手本かというと、よい「報告書」の条件は、

・**簡潔で具体的である**
・**言いたいことが相手によくわかる**

ものだからです。語り継がれている名文だけあって、どちらも受け手が瞬時に理解できる前提で書かれていて、テーマに対して簡潔かつ具体的です。

さらにビジネスの観点で言えば、

・未来へつながっている

という条件がプラスされます。仕事における報告書には、ただ事実を伝えるだけでなく、「それを踏まえて自分はどうすべきだと考えているのか」という要素が必要です。

なぜなら、ビジネスに終わりはないからです。

ひとつのタスクや大きなプロジェクトが終わっても、必ず次があります。

そこに言及してようやく「報告書」は完成します。

報告書作成のチェックポイント

ポイント1 「誰に向けて書くのか?」を意識する

上司、同僚、社長、取引先、複数の立場の人に向けてなど、報告する相手によって語り口や内容が変わります。

- 役員や社長↓決裁しやすいよう、重要かつ判断が必要なポイントのみを書く。
- 上司や先輩↓共有しているタスクを確認し、現在の状況と今後の動きをまとめる。
- 取引先↓期限を厳守し、形式と丁寧さを意識する。

ここでも、相手の立場に立って、わかりやすく書くことが大切です。

ポイント2 内容を4項目に分ける

- **表題（主題）**↓報告書全体の内容をひと言で。

・**要旨**↓報告書で伝えたいことを、要素ごとに数行でまとめる。
・**詳細**↓各要旨につなげるかたちで、内容を詳細に書く。長い文章にはしない。
・**所感（改善）**↓「未来につなげる自分の考えや切り口」を記す。感想にはしない。

ポイント3　理解のスピードを上げる工夫をする

報告書は、作文やエッセイではありません。ビジネスを円滑に進めるための文章であり、大事なのは「相手の時間を奪わないこと」です。

これまでお伝えした7つの法則を意識しながら、図表、定量データ、資料写真などを用いて、相手が読んでいて苦にならない報告書を目指しましょう。

〈例〉

現場社員が、上司にプロジェクトの報告をする場合。

・誰に向けて書くのか？

藤子営業部長

20××年○月△日

営業２課　手塚

プロジェクト進捗報告及び河童対策について

表 題

水木町におけるテーマパーク開発について、進捗状況と課題をご報告いたします。

主 題

1：土地、施設開発の進捗状況

報告は要素で分け、見出しをシンプルに

土地整備80% 完了し、来月よりモノノケスタジアム、妖怪城建設に着工予定。ほぼスケジュールどおりに進行中。来月中に、石ノ森役員、水木町長の視察を検討。

数値を用いてイメージしやすいように

～です～ますの使用を抑え、体言止めにすることでリズムのいい文章に

2：テーマパークオープン時のキャスト採用計画

2025年3月のテーマパークオープンに向けて、300名の妖怪キャストを採用予定。2024年3月から求人情報誌にて告知開始。書類選考と面接、特殊能力を考慮して選考。

3：ネーミング公募について

テーマパークの名称を広く公募することが、4月6日の全体定例会議で決定。公募開始時期は未定だが、多くのアイデアをもらうため、早期のスタートを目指す。

4：河童の出没と対策

テーマパーク準備室の社員、建設現場の作業員から、「河童を見た」「河童が胡瓜を投げてくる」といった報告が数件寄せられた。妖怪学の狐山教授によれば「水木町に長年住み着いている河童ではないか」との所見あり。地元神社に依頼してお祓いをする予定。それでも出現する場合は、地権者同様、等価交換などの交渉を検討。

所感

感想ではなく、未来につながるアクションを述べる「所感」

プロジェクトはほぼ問題なくスケジュールどおりに進んでいますが、河童の出現は想定外でした。ただ、本テーマパークが「自然と人間の共生」を謳っている以上、むげに扱うことはせず、お互いがWin-Winになれる道を探したいと考えております。過去に妖怪と交渉経験のある藤子部長の知見をお借りするときが来るかもしれません。その際はよろしくお願い申し上げます。

「私」の話から「私たちの話」に、上長をうまく課題に巻き込む

・内容を「表題（主題）」「要旨」「詳細」「所感（改善）」に分ける。
・理解のスピードを上げる工夫をする。

これらを踏まえて、右のような報告書にしてみました。

表題と主題を明確にすることで、何に関する報告書なのかがひと目でわかる構成となっています。また、要旨を項目別で記載することで、簡潔かつ具体的に伝えることができます。さらには所感を加えることで、単なる報告書ではなく「次への提言」も含まれています。

このように、報告書は、それぞれの要素をひと言でまとめることで、簡潔に伝えることができるのです。

②依頼文

かつてある著名人の方に仕事の依頼をしたら、「興味がないのでお断りします」という一文だけが送られてきたことがあります。

〜様や時候の挨拶など一切なしで、一文だけ。句読点もありませんでした。

思うに「興味がない」という言葉は、有無を言わせない断り方ですよね。

ドラマや映画で告白を断るシーンにおいて、脚本家は「いまは彼氏が欲しくない」「あなたを友達としか思えない」などいろいろなセリフを考えるわけですが、「あなたに興味がありません」という返しがもっとも心をえぐられるかもしれません。

でも、「他人の靴を履いてみる」つまり著名人の方の立場に立って考えてみると、毎日のようにいろいろな依頼があり、そのなかには怪しいものや報酬が安いものや頼み方が失礼なものは山ほどあるでしょう。

だから、よほど自分にとってプラスになるもの以外は「興味がない」というのは、当たり前と言えば当たり前です。余計な感情を入れたくないから、テンプレの挨拶文は一切入れない。

なので素直に「企画、もしくは自分自身に、興味を抱かせる何かが足りなかった」のだと受け入れるほうが前向きです。そもそも、合わない人とはいくらこっちががんばっても合わないなんてことは、この世にあふれています。

まず、依頼する、ということは「こっちの都合である」という認識を持ちましょう。次に、依頼するうえでは「相手のメリット」をわかりやすく提示しましょう。

そして、「断られるのが、当たり前」という心構えを持ちましょう。

あなたの依頼が拒絶されたところで、それもまた相手の都合であって、**あなたの人格やプライベートには一切関係ありません**。仕事のプロセスがひとつ途絶えただけのこと。素直に受け入れて、次へ行きましょう。

でも不思議なもので、人は「断ったこと」に対して多少の負い目を感じることも多いです。いずれ時がくれば思い出したように「あ、あのときはご一緒できませんでしたが、いまなら……」となることもあります。

依頼文作成のチェックポイント

ポイント1　なぜ依頼をしたいのか、理由を明確に

依頼文を書くときにもっとも必要なのは、**「なぜ、あなたでなければいけないのか」**をはっきり書くことです。

私がこれまでいただいた講演依頼にも、明確な依頼理由がなく、「なんとなく広告クリエイティブ系で講演をよくやっていそうな人だから」といった、自分でなくてもいいような頼み方をされたことがありました。

もちろんむげに断ったりはしませんが、そういう頼み方をしてくる相手はたいてい運営が雑だったり、講演中にもトラブルが起きたりするものです。いざ会場に行ったら頼んだ機器やモニターがまったく用意されていなかったのも、こういうタイプの主催者の方でした。

逆に私がどなたかに講演を頼むときは、依頼理由の記述にはじっくり時間をかけるようにしています。本当に頼みたいと願っていると、自然に熱が入って筆が走ります。

ポイント2　相手のメリットとこちらの熱意を提示

その依頼を受けたら相手がどういうメリットを得られるか、を書きましょう。

たとえば社内業務において部下に仕事を頼むときは、「業務命令です」と頭ごなしに伝えるのは避けましょう。「このプロジェクトはあなたの成長につながる」「将来のために、大きな仕事に取り組んでみてほしい」というように、相手のメリットを考えて頼むのが、いい伝え方です。

また、同時に熱意を示すことも大切です。**「ほかの誰でもない、あなたにやってほしい」**という気持ちが、相手の背中を押してくれます。必要以上に温度を上げなくてもいいですが、淡々と依頼したとしても「あなただから」という意図を入れてください。

あなたには、部下に頼むことで「仕事が円滑に進む」「プロジェクトリーダーとしての責務を果たせる」といったメリットがあるはずです。ならば、相手にもメリットがあってこそ、Ｗｉｎ－Ｗｉｎの関係になれると思いませんか？

もうひとつ、外部に依頼をするときは、**「相手のメリット＝目的×熱意×謝礼」**だと考えましょう。社内の人にお願いするのとは違って、外部の相手は持っている時間を商品に変えて売っています。その対価として、報酬を支払います。

10年以上前のことですが、「未来ある高校生に『言葉のプロから贈るメッセージ』というテーマで講演をお願いします」という依頼をされたことがあります。

しかし、その高校は東海地方にあり、しかも提示された謝礼が2時間で５０００円でした。関東に住んでいる私には、交通費だけでマイナスになってしまいます。テーマ自体はおもしろそうだと思いましたが、さすがに講義の準備にもそれなりの時間を使うことを考え、お断りしました。

ただ、世の中には「おもしろいことならタダでもやる」という人は一定数います。

また、「あなたの話をどうしても聞きたい」という熱意に弱い人もいます。

何度も頼まれるのでつい引き受けてみたら、とてもいい講演会になった、なんてケースもあります。当時はリモート会議が一般的ではありませんでしたが、いまなら遠隔で講演も可能です。


もしあなたが誰かに何かを頼むときは、薄謝しか用意できなくても、その相手が興味を示すような熱意と説得力のある目的を設定できたら、メリットの有無を飛び越えて引き受けてくれるかもしれません。それも人の心を動かすための作戦と言えます。


もちろん、「謝礼が見合わない」ことを理由に断られたら、さっさと諦めてください。

ただし、相手から「+αいくらなら可能」といった申し出があった場合は、予算を検討しましょう。

ポイント3　期限を伝える

「そんなの当たり前でしょ」と思うかもしれませんが、意外と「返答の期限」を書いていない依頼文は多いです。

文末に「よろしくご検討ください」とか「お手すきなときにお返事をください」などと書かれているような曖昧な依頼は、瞬殺で後回しにされます。ロードマップを示さない依頼は、相手の時間を奪うだけです。期限をはっきりと設けて、依頼を完成させてください。

〈例〉

コピーライターが、著名な演出家に講演依頼をする場合。

1　依頼をしたい理由を明確にする。
2　相手のメリットと、こちらの熱意を提示する。
3　期限を伝える。

件名：演出様、ご講演依頼につきまして ● 件名

演出太郎様
ご担当マネージャー様

お世話になっております。 ● 挨拶＆自己紹介
急なご連絡、たいへん失礼いたします。
私、電脳堂のコピーライターの勝俣と申します。

このたびは、「演出様への講演のご依頼」でメールさせていただきました。 ● 依頼趣旨

私は東京コピーライターズクラブ（以下 TCC）という広告制作者の業界団体に所属しております。
TCC では、「言葉」を仕事にしているコピーライターの会員が、
同じく「言葉」を駆使して他業界で活躍されている著名人の方をお招きして、
トークイベントを毎年開催しております。 ● 依頼の詳細

この本年のトークイベントに、
演出様にご登壇いただけないかと考え、ご連絡した次第です。

私は大学時代から演出様のファンでした。
これまで手がけられた舞台を数多く、観させていただきました。
なかでも『悪魔は瞳を開けて』が好きで、
初演から数度にわたる再演まで、毎回観るたびに
新しい感動と発見をいただいております。 ● 頼むきっかけ。冗長なものは嫌がられるが、正直な「依頼先のどこに惹かれたのか」は、相手の心を動かす

今回、演出様にお声がけさせていただいた理由は、私がファンということだけでなく、
世の人々が、演出様の言葉をもっともっと聞きたがっていると信じているからです。

演出様の演出、脚本家としての言葉づくりには、世の人々への深い愛情を感じます。
いまを生きる人々の悩みをどう見つめて言葉を紡いでいるのか？
心を癒やす言葉の秘密とは？
言葉を仕事にしている私たちコピーライターにとっても、 ● 相手のメリットと熱意
興味深く、ぜひお話をお聞かせ願えたらと考えた次第です。
そしてこれを機に、ビジネスにおいてもご一緒できれば幸いです。

〈ご講演概要〉 ● 整理された事務的内容
日時：20××年３月～５月のあいだで１日　19：00～21：00
場所：TCC 表参道クラブハウス
謝礼：○○万円

まずはご登壇が可能か、12月末までにお聞かせ願えれば幸甚です。 ●
たいへんお手数ですが、ご検討のほどよろしくお願いいたします。

相手の事情を想像し、一方的にならないように柔らかく依頼する。相手が承諾する前提での依頼はNG

「来月」とだけ書くと、いつまでか正確にわからない。来月末までなのか、明確な期日を明記

電脳堂　コピーライター
勝俣雅人

これらを踏まえて、こんな依頼メールにしてみました。

簡潔ながら、こちらの思いも伝えつつ、かつ相手が判断しやすいよう、日時や予算感、返事の期限も入れ込んだ内容にまとめることができました。

依頼文は、受け取る相手の気持ちになって作成することが大切です。

③スピーチ原稿

あれは悪夢のような時間でした。とある知人の結婚式でのことです。

スピーチの時間に差しかかったときのこと。新郎側の主賓は大企業のお偉いさんでしたが、すでに酔っ払って、明らかに目が据わっていました。嫌な予感は的中。始まった「自分の自慢話」が止まりません。会社に入って、「いかに苦労してその地位に上り詰めたか」が10分近く続きました。司会者が制限時間を注意すると、ようやく新郎の話。

ですが、今度は「いかに新郎が手のかかる部下だったたか」を説教口調で話し始め、最後に「新郎を無理やり連れていった夜遊び」の話で締めとなりました。部下の列席者は引きつりながら愛想笑いをしていましたが、会場はドン引き。新郎は終始うつむき、新婦はけなげにニコニコ笑っていましたが、式のあと、夫婦でひと悶着《もんちゃく》あったそうです。


ここで私が言いたいのは、まったくけしからん！　ではありません。

はっきり言って、その上司の話はよくできていたのです。

話の入り、構成、オチのつけ方。

おそらく似たような話を、いろいろなところで繰り返してきたのでしょう。

でも、0点です。なぜでしょう？

それは、**「話してほしい」ことではなく、「話したいこと」を話したから**です。


プレゼンテーションや会議、はたまた結婚式、式典などでのスピーチには、必ず相手がいます。その相手のことを考えずに話したとしたら、どんなに内容がよくても相手には響きません。

相手が話してほしいことは何かを考える

スピーチのコツに関しては、これまでご紹介した方法を複数活用してみましょう。ビジネスでの企画提案におけるスピーチを例にしてみます。

異業種が集まる場で、自社の紹介と事業提案をする場合。

〈伝えたい内容〉

- **状況**：中堅ファッションブランドY社は、画期的なデザインの商品を多数発表して勢いがあったが、近年、大手メーカーZやXが似たような商品を低価格で市場に送り込み、苦戦を強いられてきた。
- **課題**：大手ZやXの持つ販路や販促費には太刀打ちできないが、独自の戦略で市場シェアを回復させたい。
- **戦略**：強みであるデザインの独自性に磨きをかけ、アーティストや他社のブランドとも積極的にコラボレーションをする。さらに、大手には手を出しづらい「オーダーメイド方式」の商品も強化。また、これまで後手を踏んできたデザインの著作権に関しても専門の知財部署をつくり、商品を守っていく。

- **成果**：新商品は、過去最高の売り上げを記録。またZやXを含む他メーカーの類似商品に関して厳しい法務チェック、勧告を行ったところ、後追いはなくなり、市場シェアが回復した。

さあ、この事実の羅列を読んで、どう思われたでしょうか？

きっと「ふーん」とは思っても、心を動かされることはないでしょう。

なぜなら、これは中堅ファッションブランドY社の「話したいこと」だからです。

これをほかの誰かが聞きたくなるような「ストーリー」に変換しなければ、相手に理解してはもらえません。

そこで、第3章でお伝えした法則を使って、「ストーリー」にしてみましょう。

● 20文字の法則

まず、これらの事実をひと言でまとめてみましょう。

Y社がどうやって、競合他社の後追いを駆逐したのか？

答えは「戦略」の部分にあります。

「デザイン」という強みを、とにかく磨き上げたこと、そしてつくり手の権利を守ったことが書かれています。

これを20文字でまとめると。

「私たちはデザインの力を信じ抜きます」

となります。

● KISS思考法

そして「シンプルに」の精神で、Y社の課題と解決法をまとめてみましょう。

課題：つねに競合他社に後追いで真似されること。
解決：デザイン力をさらに強化し、知財の部署がガードする。
結論：この事例は、どの業界にも通じる（学びになる）。

こう整理すれば十分です。
結論が「その話を聞く理由」になっています。

さらに話を受け取りやすくするために、

・スパイシーサンド法
これは、「物語は事件から始めて3層構造に」という法則でしたね。

○！（キック）＋？（なぜ）＋。（結論）

この構造に従って、事実をストーリーにしていきます。

○！（キック）

あなたが手塩にかけた商品にそっくりな別の商品が、市場を埋め尽くす。そんな悪夢がやってきたら、どうしますか？

↓刺激的な入りで興味を湧かせます。

○？（なぜ）

大手メーカーが、法律の隙間を狙って後追いの開発を仕掛けていたのです。販路や販促費では太刀打ちできません。

↓どうしてそれが起きたのか、障壁はなんだったのかを端的に。

○。（結論）

そこで、いままで以上に「デザイン」重視の開発を行い、同時に法律の力で商品をガードし、シェアを奪還しました。

↓解決を鮮やかに、スカッとする物語仕立てにしていきます。

ここまでシンプルに構造化したら、あとは肉付けを考えます。

・ポジティブ変換法

文中に「大手メーカーに後追い開発をされた」とありますが、見る人が見れば「それはあなたたちの知識が足りなかっただけだろう」といった揚げ足を取られかねません。ネガティブなことをポジティブに変換するために、こんな一節を入れてみてはいかがでしょう?

「競合他社の後追い開発を許したのは、弊社の知財の体制不足による失態です。しかし、それは払う価値のある授業料でした。おかげで私たちの本当の強みが何かを再確認することができたのですから」

●瞬間最大描写法

さらに、スピーチのヤマ場を設定しましょう。

すでに20文字の法則で設定した「まとめ」が導き出された瞬間を、まるで絵が浮かぶように表現します。たとえば――。

会議の場が煮詰まり、沈黙が支配したとき、それを打ち破ったのは参考意見を聞くために呼ばれていた入社2年目の女性デザイナーでした。

「私はY社のデザインが好きで、ここに来ました。高校生のときに初めて買ったのがY社のワンピースで、一生懸命バイト代を貯めてでも欲しいと思ったものでした。他社の誰にでも合いそうな服ではなく、Y社の服は本当に心を満たしてくれるようなデザインだったので、私もそんな服をつくりたいなって……」

そこにいる誰もが、彼女の真剣な表情に心を打たれたのです。

もう一度、強いデザインをつくる――。原点に我々は立ち返りました。

このように、実際に起こった出来事やエピソードは、ストーリーには欠かせないものです。もちろん、やりとりでスピーチを埋め尽くしてしまうと冗長になりますから、ここぞというときに使いましょう。

最後に、

・ネーミングの法則

で、その場をまとめてみましょう。

聞いてくれていた人々に、「この場は、なんのための場だったのか」を提示します。「市場のシェアを奪還した」というサクセスストーリーは、自分たちの話でしかありません。

聞いている人に対して、最後にメリットを残しましょう。

たとえば、

「私たちと『デザイン共同体』を築きましょう」

こう呼びかけてみるのはどうでしょう。

Y社がデザインを大事にしているのは十分に伝わっていますから、聞き手に対し「その考え方でつながっていきましょう」とメッセージを送るのです。

「共同体」とすることで、業界の垣根を越えたつながりにも期待ができます。

「私の話」が「私たちの話」になりました。

私たちはデザインの力を信じ抜きます。

しかし、あなたが手塩にかけた商品にそっくりな別の商品が、市場を埋め尽くす。そんな悪夢がやってきたら、どうしますか?

ファッションは、既視感との戦いです。独自のデザインを開発すべく、各社のデザイナーは心血を注いでいます。そんな我が子も同然の商品が、他社から似たような商品が出ることで、あっという間に陳腐化してしまう……。

ここ数年、我が社が直面した危機について、お話をしたいと思います。


これは、すべての業界に通じる教訓です。


私たちの強みは、冒頭で申し上げたとおり、デザインです。

優れたデザイン開発部を有し、多くのヒット商品を生み出してきました。

しかし、ある時期から、目に見えて売り上げが下がり始めました。それまでの品質を保っていたはずなのに、です。

その理由は明白でした。ある日、開発部員が営業フロアに駆け込んできました。

「うちのレディースウェアとそっくりな商品が売られている！」

いつの間にか街にあふれていた大手X社のウェアは、見た目こそ絶妙に重複を避けていましたが、縫製や材質までそっくりなものでした。

対策を考えたものの、当時の我々は知財の法律に関しては素人でした。

商品を開発しても、すぐに真似されるのであれば、いったいどうすればいいのか……。

販路や販管費では勝ち目がない。

会議の場が煮詰まり、沈黙が支配したとき、それを打ち破ったのは参考意見を聞くために呼ばれていた入社2年目の女性デザイナーでした。

「私はY社のデザインが好きで、ここに来ました。高校生のときに初めて買ったのがY社のワンピースで、一生懸命バイト代を貯めてでも欲しいと思ったものでした。他社の誰にでも合いそうな服ではなく、Y社の服は本当に心を満たしてくれるようなデザインだったので、私もそんな服をつくりたいなって……」

そこにいる誰もが、彼女の真剣な表情に心を打たれたのです。

もう一度、強いデザインをつくる——。原点に我々は立ち返りました。

デザインの独自性に磨きをかけ、アーティストや他社のブランドとも積極的にコラボレーションをする。

さらに、大手には手を出しづらい「オーダーメイド方式」の商品も強化。また、これまで後手を踏んできたデザインの著作権に関しても専門の知財部署をつくり、商品を守っていく。

それが私たちのたどり着いた結論でした。


もちろん、競合他社の後追い開発を許したのは、弊社の知財の体制不足による失態です。

しかし、それは払う価値のある授業料でした。おかげで私たちの本当の強みが何かを再確認することができたのですから。


原点を見つめる。

法律を味方につけ、大切なものを守る。

私たちが危機から学んだのは、この2点です。

これは、すべての業界に通じると信じています。

最後に、みなさんにお願いです。
私たちはデザインの力を信じ抜きます。
そんな私たちと「デザイン共同体」を築きましょう。
あらゆる業界のつながりのなかで、デザインの力を信じ、愛し、守ることで、
新しい商品やサービスを生み出していけるはずです。
さあ、ともに進みましょう。

どうでしょうか。事実の羅列が、共感を生むストーリーに変換されました。

まず、自分の伝えたいことを整理する。
そのうえで、相手の聞きたいことは何かや、話してほしいことは何かということを考えながら、ストーリーにしていきましょう。

④企画書

最後は、企画書についてです。

企画書は、星の数ほど方法が存在するので一般化が難しいのですが、「これだけは間違いない」と私が信じるポイントだけをお伝えします。

それはこの5つです。

1 企画書をすぐに書かない
2 「ひと言でまとめる」ことができるのが、いい企画書
3 企画書は「骨子でつくるストーリー」である
4 企画書は「未来予想図」である
5 文字を少なく、文字を大きく

ポイント1 企画書をすぐに書かない

いきなりパワーポイントで書き始めるのはやめましょう。

パワーポイントは「1スライドに1メッセージ」が基本です。

考えがまとまっていない状態で書き始めると、枚数が増え、順番も気になり、混乱

します。

おすすめは、ワードを使って、書きたいことをどんどん羅列してストーリーにしていくことです。③の「スピーチ原稿」で、「ストーリーで伝える」ことを身につけたあなたなら、できるはずです。

ポイント2　「ひと言でまとめる」ことができるのが、いい企画書

企画書において、ひと言でまとめた言葉は、コアアイデアと呼ばれます。まさに企画の真ん中にあるアイデアであり、結論です。

必ず20文字程度で言える企画書になっているかを考えましょう。

ポイント3　企画書は「骨子でつくるストーリー」である。

骨子とは、言いたいことの骨組みのこと。これが曖昧だったり、何かが抜けていたりすると、不安定な企画書になります。

企画書の骨子は、

- **事実**
- **課題**
- **解決策**
- **効果**

で構成されます。

これらがひと続きの「ストーリー」として伝わるのが、よい企画書です。

ポイント４　企画書は「未来予想図」である

企画書は、Ａという状態からＢという状態へ、「未来をもっとよくするため」につくられます。骨子のなかに「効果」がありますが、「単に状態が変わった」ことを言うだけでは感動が不足しています。その企画が実現したことで、どんな未来へとつながるのか？　までを語りましょう。

ポイント5　文字を少なく、文字を大きく

最後に企画書の体裁を整えるときには、「文字を削る。そのぶん、1枚のシートのなかの文字を大きくする」を徹底しましょう。

企画書は熱意で書き進めて、勇気で削るものだと私は思っています。

分厚い企画書に文字をびっしり埋めると「がんばりました感」は出ますが、文字を追うだけで相手は疲れてしまい、真意が伝わりません。

企画書はマニュアルではないし、仕様書でもありません。

単純でわかりやすい企画書を目指しましょう。

では、これらを踏まえた実践例です。

〈プロジェクトの内容〉

クライアント：戸建ハウスメーカーX

目的：5月のGWは大事な商戦期。週末の住宅展示場の来場者及び滞在時間を増やし

たい。

ターゲット：住宅購入検討層（若い夫婦、及び小さな子どものいる家族）。

ブランドの強み：細部までこだわり抜いた住宅性能。

価格：同業他社と比べても平均的。

現状：若い夫婦より、家族連れの成約率が高い。
若い夫婦より、家族連れのほうが滞在時間が短い。

課題：商品には優位性があるが、伝えきれていない。
人員的に、営業マンがひと家族につきっきりで説明するのには限界がある。

実践1　企画書をすぐに書かない

まず、プロジェクトの内容を読み込んで、じっくり考えます。

目的は、週末の住宅展示場の来場者及び滞在時間を増やすこと。

ターゲットは2種類いるが、家族連れの成約率が高く、しかし滞在時間が短い。

それらの課題も踏まえて、「家族連れに長く滞在してもらい、商品の優位性を伝える」というストーリーが構築できればいいということに気づきます。

さらに、「家族連れの滞在時間が短いのはなぜか？」について考えてみましょう。
もしかして、子どもがいることで落ち着いて見学できないのでは？
子どもは家に興味などないだろうから、すぐに飽きてしまうのかもしれない。
かといって、託児のスペースや人員を増やす余裕はなさそうだ。
では、どうやって家族全員で住宅見学を楽しんでもらうのか……？

ここから、コアアイデアが生まれそうです。

実践2 「ひと言でまとめる」ことができるのが、いい企画書

コアアイデア
「住宅展示場を、家族で楽しむ謎解きの場に」

コアアイデアを導き出しました。

住宅展示場という場を、「家を見る」のではなく「家の謎を解く」場にするというものです。つまり、「住宅の性能＝謎」と置き換えたわけです。

これなら、親子で一緒に家をじっくり見ることができそうです。

「じゃあ、謎解きグッズをつくろう！」
「スタンプラリーみたいに、家のなかの謎を集めてもらえばいいよね！」
「広告は『家族に向けた謎解き挑戦状』にすればいいんじゃないか？」

コアアイデアを考えると、あとからどんどんアイデアが降ってきます。

実践3　企画書は「骨子でつくるストーリー」である
実践4　企画書は「未来予想図」である
実践5　文字を少なく、文字を大きく

さらにこれらも踏まえて、実際の企画書で見てみましょう。

企画書見本

スライド1 テーマ

本日のご提案

X社住宅展示場を、
家族で行きたくなる場所へ

スライド2 事実

GW商戦の成功のために

私たちはいただいたデータから、
成約率が高い、家族連れの来場及び
滞在時間の増加が
鍵であると考えました。

スライド3 課題

では、家族連れの滞在時間が短いのはなぜでしょう？
家に魅力がないから？
営業マンのトークがヘタだから？

きっと違います。

家族連れのお子さんは、
そもそも家に興味がないのです。
だからすぐに飽きてよそへ移動したがる。
自分が子どもだったときも、そうでしたよね？

では、どうすれば家族で住宅見学を楽しめるのか？

スライド
4
コアアイデア

コアアイデア

「住宅展示場を、
家族で楽しむ謎解きの場に」

スライド
5
解決策

御社が誇る住宅性能を、「謎」と置き換えます。
その謎を家族みんなで探すのです。

・チラシや新聞で出題される「謎解きの挑戦状」
・展示場の入り口に用意された謎解きグッズ
・虫眼鏡で家の奥に隠された謎をくまなく探検
・スタンプラリーで謎を集めたら、商品をプレゼント

スライド
6
効果

謎を解いている時間は、
すべて御社の商品＝
住宅を見つめている時間になります。

そしてそれは、家族が一緒に楽しむ
思い出の時間にもなるのです。

スライド
7
未来予想図

GW は、X 社住宅展示場で、
家族の思い出をつくろう！

よい企画書は、文字が少なく、結論が明確で、そこにたどり着くまでのストーリーが心地よく綴られています。

まずは自分が「これはわかりやすい」「これは読んでいてワクワクする」と思う企画書を頭のなかで分解して、「どのページで何を言っているのか」「どんなストーリーを伝えているのか」を考えてみてください。

そして最後に、伝えたいことがそれぞれ「ひと言でまとまっているか」を確認してもらえれば、あなたはもう大丈夫です。

おわりに

ひと言でまとめなければ、あの人は死んでしまう

それは、とある蒸し暑い夏の深夜。

私はまだ18歳の高校生でした。

そのころの私は毎日ランニングをするのが趣味で、その晩も自分で決めたコースを淡々と走っていました。

自宅を出て、住宅街を抜け、坂道を上り、人気《ひとけ》のない巨大な貯水槽のある道路に差しかかったとき、奇妙なものを目撃しました。暗がりの向こうで、片側1車線の道路に、車が横になり、道をふさぐように停車しているのです。一瞬、工事車両かと思いましたが、明らかに普通車。そもそも表示灯もつけずに道を車がふさいでいるなんて、いったい何が起きたのか……。

走るペースを落とさず近づいていくと、小さな街灯に照らされた車の全容が浮かび上がってきました。その車はフロント部分が電柱にめり込んだ状態で破損し、フロン

トガラスが粉々に砕けていました。

「じ、事故だ！」

心のなかでそう思いながら、運転席を見た途端、全身の血の気が引きました。運転手とおぼしき男性が、ぐにゃりと曲がったドアとフロント部分に挟まれ、血だらけでかすかに体を上下させているのです。

即座に救急車を呼ぼうと周囲を見回しましたが、民家はなく、遠くに明かりも見えず、人通りがまったくありません。

次の瞬間、私は走り出していました。

そのとき私がとった行動は、「走ってきた道のりを全速力で戻り、家に戻って救急車を呼ぶ」ことでした。

その自宅まで無我夢中で走った感覚を、いまでもはっきり覚えています。不思議なことに、疲れることも息を切らすこともなく、何か身体中に見えないオーラのようなものをまとい、空気を切り裂きながら走っているようでした。人間、極限まで緊張すると感覚が麻痺するのかもしれません。そして、ずっと頭のなかで考えていました。

（いまの状況を確実に、正確に、ひと言で警察に説明しなければならない。そうしな

いと、あの人は死んでしまう）

自宅に飛び込み、眠っていた両親や兄を叩き起こし、同時に生まれて初めて119番にダイヤル。何度も心で「落ち着け」と繰り返しました。

「はい、119番です。救急ですか？　火事ですか？」

「事故です。○○町○○の貯水槽東側の奥の道路、1台の車が電柱に突っ込んで破損しています。運転席で負傷した運転手が血を流しています。体を揺らしていたので生きていると思います。僕は○○町の勝浦雅彦です。ランニング中に事故を発見し、自宅に戻ってこの電話をかけています」

自分でも驚くくらいスラスラと言葉が出ました。あの不思議な、永遠のような一瞬のような全速力の時間のなかで、どうやって伝えたらあの場所と事故状況を理解してもらえるか？　をずっと考え続けていたからかもしれません。

「わかりやすい報告、ありがとうございます。いまから現地に救急隊が向かいます。勝浦さんも現場に戻れますか？」

「はい！」

その後、父と一緒に再び現場に戻りました。すぐに救急車と、車を電柱から引き剥がすための牽引車、さらには警察も来て、静寂に包まれていた事故現場はまぶしい光と音に包まれていました。その場で警察官から事情聴取をされましたが、どうやら運転トラブルによる自損事故の見立てである、と教えてくれました。

「通報、ありがとうございました。この場所、説明しづらかったでしょうに、よくその年で冷静に話せましたね。おかげで迅速に対応できました。運転手の方、命に別状はないようですよ」

「ホントですか。とりあえず、よかった……」

ホッとした私は、その場に崩れ落ちるようにしゃがみ込みました。

いま思えば、これが人生において「ひと言でまとめる」ということの重要性に初めて気づいた瞬間でした。あとから知ったのですが、事故や急病人通報の鉄則は「場所を先に伝える」ことだそうです。1分1秒でも早く現場に着くためである、と。18歳の私は、それを無意識にできていたようです。

ときに、正確に、簡潔に、言いたいことをまとめることは、人の命を救うことだってあるのです。

この本を手に取ったあなたは、「人前に出ると何を話していいかわからない」とか、「うまく考えがまとまらない」とか、「ダラダラと長く要領を得ない話をしてしまう」とか、そんな悩みを持っている方だったはずです。

でも、それが人の生き死ににまで影響するなんて、考えたこともなかったのでは？
確かに私の体験は極端な例ですが、一方、心から本気にならないと、人はなかなか学ぼうとしないというのも変わらない習性だと思います。

私は本書を「本気で、ひと言で伝えたい人」のために書きました。
『俺はまだ本気出してないだけ』という漫画作品がありましたが、じつは多くの人はすでに本気を出しています。その本気の幅が狭いだけです。

つまり、自分の限界を超えるほどの本気を、普通の人はなかなか出せないのです。

だって、本気を出すのって、つらくてしんどいですから。

だからこそ、本気で寝食を忘れて目標に向かって努力できる人（いまは働き方改革なんかもありますが）は貴重で、すごい成果を出せるのではないかと考えています。


今日、この日を境に、「誰かに言葉を伝えて、自分も、相手も、世界もよくしていくこと」に本気になってみてください。

※

ここまで読んでくれた、あなたへ
この本は、いくつかの偶然が重なって、必然として生まれました。

窓の外ばかり見ていた青年時代。

コピーライターという仕事を見つけた大学時代。

希望叶わず営業から始まった新人時代。

住み慣れた街を飛び出して新しい環境に飛び込んだ九州時代。

自分ではどうしようもない大きな渦が待ち受けていた、東京復帰時代。

どんなときにも、等しく挫折と困難があり、それを乗り越えることができたのは、「言葉」がそばにいてくれたからです。

言葉を思い、言葉を愛し、言葉と添い遂げたいと願う。

いつか尽きる生の向こうで、最後に言葉から裏切られる日が来るとしても、やっぱり明日も言葉を書き続けようと思います。

前著の『つながるための言葉』（光文社）を書いた際、トークライブツアーと称して全国の書店回りをしました。まさに「旅」です。そこで出会った多くの読者さんから言われたのは、「必殺技を知りたいのですが……」という声でした。

必殺技……？

どうやらそれは、「即効性があって、すぐに使える言葉やコミュケーションのテクニック」を意味しているようでした。

誰でもやれる、猿でもできる、バカでも簡単に実行できる……。

最初は、ちまたの書籍の帯にちりばめられた枕詞に抵抗を感じていました。

「そんなものは書くものか」と心で叫びました。

ところが、

「そんなものじゃなくて、お前にしか紡げないものを書けばいいじゃないか」

というもうひとつの声が聞こえました。

もうひとつの心の声に気づかせてくれたのは、本書担当編集者の大住兼正《おおすみかずまさ》さんだった気がします。出会ってから、何度も打ち合わせを重ねて、そのたびに企画がひっくり返ったり、やり直しになったりと、暗夜行路でした。

それでも二人三脚で納得いくまで構想に時間をかけ、一般化できる技術や思考法を突き詰めていったものが本書になります。

ウルトラマンや、仮面ライダーや、ドラゴンボールの孫悟空《そんごくう》でもアベンジャーズの一員でもない私が、紆余曲折が続くコピーライター人生のなかで編み出し、命綱にしてきた「必殺技（のようなもの）」が、少しでもお役に立てれば幸いです。

最後にひと言。

この旅のどこかで、お会いしましょう！

勝浦雅彦

参考文献

『モモ』ミヒャエル・エンデ（岩波少年文庫）

『小学校 国語』（光村図書出版）

『入門コミュニケーション論』宮原哲（松柏社）

『文章読本』谷崎潤一郎（中公文庫）

『悪文』岩淵悦太郎（角川ソフィア文庫）

『文章力　かくチカラ』外山滋比古（展望社）

『20字に削ぎ落とせ』リップシャッツ信元夏代（朝日新聞出版）

『アドラー心理学入門』岸見一郎（ＫＫベストセラーズ）

『1分で話せ』伊藤羊一（ＳＢクリエイティブ）

『コミュニケイションのレッスン』鴻上尚史（だいわ文庫）

『頭の回転が早い人の話し方』岡田斗司夫（フォレスト出版）

『成功する人の話し方：7つの絶対法則』ビル・マクゴーワン他（日本経済新聞出版社）

『赤頭巾ちゃん気をつけて』庄司薫（新潮文庫）

『燃えよ剣』司馬遼太郎（新潮文庫）

『HUNTER × HUNTER』冨樫義博（ジャンプコミックス）

『俺はまだ本気出してないだけ』青野春秋（IKKI COMIX）

『コピーバイブル』宣伝会議コピーライター養成講座（宣伝会議）

勝浦雅彦

（かつうら・まさひこ）


コピーライター。法政大学特別講師。宣伝会議講師。

千葉県出身。読売広告社に入社後、営業局を経てクリエーティブ局に配属。

その後、電通九州、電通東日本を経て、現在、株式会社電通のコピーライター、クリエーティブディレクターとして活躍中。また、15年以上にわたり、大学や教育講座の講師を務め、広告の枠からはみ出したコミュニケーション技術の講義を数多く行ってきた。クリエイター・オブ・ザ・イヤーメダリスト、ADFEST FILM 最高賞、Cannes Lions など国内外の受賞歴多数。著書に『つながるための言葉』（光文社）がある。

ひと言でまとめる技術
言語化力・伝達力・要約力がぜんぶ身につく31のコツ

発行日　2023年 11月 14日　第1刷
発行日　2024年 6月 11日　第2刷

著者　勝浦雅彦

本書プロジェクトチーム
編集統括　柿内尚文
編集担当　大住兼正
編集協力　天野由衣子（コサエルワーク）
カバーデザイン　小口翔平+畑中茜（tobufune）
本文デザイン　二ノ宮匡（nixinc）
イラスト　伊藤ハムスター
校正　東京出版サービスセンター
DTP　藤田ひかる（ユニオンワークス）

営業統括　丸山敏生
営業推進　増尾友裕、綱脇愛、桐山敦子、相澤いづみ、寺内未来子
販売促進　池田孝一郎、石井耕平、熊切絵理、菊山清佳、山口瑞穂、吉村寿美子、矢橋寛子、遠藤真知子、森田真紀、氏家和佳子
プロモーション　山田美恵
講演・マネジメント事業　斎藤和佳、志水公美

編集　小林英史、栗田亘、村上芳子、菊地貴広、山田吉之、大西志帆、福田麻衣
メディア開発　池田剛、中山景、中村悟志、長野太介、入江翔子
管理部　早坂裕子、生越こずえ、本間美咲
発行人　坂下毅

発行所　株式会社アスコム

〒105-0003
東京都港区西新橋2-23-1　3東洋海事ビル
編集局　TEL：03-5425-6627
営業局　TEL：03-5425-6626　FAX：03-5425-6770

印刷・製本　中央精版印刷株式会社

Printed in Japan ISBN 978-4-7762-1316-1